智本论

005 ▶

智本论·债务危机

智本社——著

中国经济出版社
CHINA ECONOMIC PUBLISHING HOUSE
北京

图书在版编目（CIP）数据

债务危机 / 智本社著 . -- 北京：中国经济出版社，2023.2

（智本论）

ISBN 978-7-5136-7208-5

Ⅰ . ①债… Ⅱ . ①智… Ⅲ . ①债务危机 Ⅳ . ① F810.45

中国版本图书馆 CIP 数据核字（2023）第 002599 号

责任编辑 张梦初 高 鑫 戴 瑛

责任印制 马小宾

封面设计 卓义云天

出版发行 中国经济出版社

印 刷 者 北京柏力行彩印有限公司

经 销 者 各地新华书店

开 本 710mm × 1000mm 1/16

印 张 15.75

字 数 200 千字

版 次 2023 年 2 月第 1 版

印 次 2023 年 2 月第 1 次

定 价 65.00 元

广告经营许可证 京西工商广字第 8179 号

中国经济出版社 **网址** www.economyph.com **社址** 北京市东城区安定门外大街 58 号 **邮编** 100011

本版图书如存在印装质量问题，请与本社销售中心联系调换（联系电话：010-57512564）

序：追问

在这个时代，提出一个好问题比解惑更为珍贵。

2008 年以来，我们经历了什么？金融危机、债务危机、政治民粹运动、经贸摩擦及逆向全球化、新冠肺炎疫情大流行、史诗级股灾、供应链危机、生育率断崖式下降及人口危机、国家冲突及战争、能源危机、粮食危机、国际秩序崩坏……世界，正滑入“马尔萨斯陷阱”吗？

每一个大问题都关系到人类的前途和个人的处境。但是，现代人追问能力的退化及网络传播下信息的泛滥，让问题变得复杂与神秘。

金融危机为何爆发，是美联储加息所致还是降息所致？是格林斯潘的问题还是美联储的问题？是美联储的政策问题还是制度问题？是监督制度问题还是全球央行及法定货币制度问题？全球央行及法定货币制度问题的本质又是什么？货币理论是否有问题？

显然，后危机时代，我们并未深刻认识到这些问题，以致金融体系不可挽回地恶化，货币沦为“公地悲剧”。集体行动如何避免“公地悲剧”？国家组织扮演了进步角色还是成为始作俑者？国家为何陷入“诺斯悖论”？

法国大革命后，民族主权国家成为人类进步的重要力量，国家现代化已是大势所趋。在全球化时代，民族主权国家与经济全球化是否会产生矛盾？当下，国家冲突是否与这一矛盾有关？全球一体化的认知是否有误？未来，国家组织如何演变？

为何有些国家经济增长快，有些国家则陷入停滞？为何有些国家的经济增长快但家庭财富却增长慢？这种经济增长模式是否可持续？当货币增速长期大于经济增速时，经济将走向何方？当经济增速长期大于家庭收入增速时，经济又将如何演变？

贫富分化是这个时代不可回避的问题。贫富差距的原因是什么？何处存在正当性和不正当性？货币政策是否加剧了不平等？福利主义是否破坏了公平竞争？

人口危机又是一大社会焦虑。生育率下降的合理因素是什么？

生育是否是必需品？额外因素是否增加了生育成本？老龄化的问题是养老问题、增长问题还是制度问题？通货膨胀、公共养老制度是否恶化了养老问题？

困惑，亦是我写下百万字且继续写作的动力。长期以来，我追问的线索是经济学的思维，即个人经济行为。不过，经济学“埋雷”无数，同样需要不停地追问。

追问不止，笔耕不息。智本社，与思想者同行。

清　和

2022年6月，深圳

前言

债务危机是当代经济危机的主旋律，也是困扰着全球经济发展的“幽灵”。想要了解经济危机，对债务危机的研究至关重要。“智本论”图书系列的《债务危机》，正是选择将债务危机作为研究主题。债务危机是怎样演变形成的？债务风险是否可控？何种制度可以有效避免债务危机？为何拉美国家屡屡遭遇主权债务危机？在这一探索过程中，还涉及银行制度、货币制度、财政约束等重要问题。

全书共分为五章，包括“债务经济”“债务时代”“美元周期”“观历史”和“大家治学”。“债务经济”这一章包含三篇文章。《泡沫经济是债务经济》以经济学家欧文·费雪的“债务螺旋”理论阐述了债务螺旋产生的过程，引用奥地利学派的商业周期理论来解释为何市场利率的调节未能抑制债务危机的爆发。

《债务危机是货币危机》则讨论了债务危机的根源、逻辑。首先从中央银行制度和法定货币制度的形成历史和基本逻辑来探索债务危机的根源，其中提到了《皮尔条例》的历史影响作用；其次结合现实案例探索债务危机的演变；最终从货币及银行制度讨论解决方案。

《地产名企债务困境》一文从现实案例出发，研究我国知名地产企业爆发债务危机的原因、过程。

第二章为“债务时代”，包含五篇文章，分别如下：

《债务危机成因：负利率与高杠杆》一文聚焦2008年金融危机爆发后西方国家央行所采取的低利率、零利率政策及其现实后果。

《结构性分析：通胀与通缩》讨论了当今世界经济的结构性通胀现象，譬如资本市场通胀，消费市场通缩；并引入财政制度的视角进一步探索当今世界经济的结构性通胀—通缩的底层逻辑。

《全球经济正加速日本化》与《日本经济之路：从泡沫危机到债务风险》研究了日本经济发展问题。《全球经济正加速日本化》介绍了日本过去十多年来经济发展的一种现象，即：低增长、低通胀、高债务。以日本经济发展的案例作为参考，关注其货币政策、福利支出上的公地悲剧问题。《日本经济之路：从泡沫危机到债务风险》一文则复盘了日本的资产全球化过程，去泡沫过程也是资产重新估值的过程，这一过程中日本的技术升级发挥着举足轻重的作用。

2022年9月，英国政府颁布的一项减税计划引发了英国股市、债市、汇市的巨大震荡，《英国金融风险：减税、赤字与英镑》一文便以此为切入点，以经济学框架讨论大规模减税是否会引发通货膨胀，进一步分析英国资产市场动荡的现实性原因。同时将2022年特拉斯推行的此项减税计划与1980年代初撒切尔夫人实施的减税政策进行对比，两项宏观经济政策有着不同的经济背景和执行方式。

第三章“美元周期”包含四篇文章：《何谓“美元霸权”？》一文从货币理论出发剖析美元霸权，从货币的公共用品角度分析美元价值变动对其他国家产生的影响，重点关注美元的公共费用问题，由此探讨解决方案。

《新兴国家濒临货币危机》主要关注2021年3月土耳其的货币里拉崩盘，进而触发国家债务危机的事件。这篇文章集中讨论了多个拉美国家的周期性债务危机及货币危机爆发始末、国内高通胀表现，外部受美联储紧缩周期的冲击影响，内部则显示了新兴国家以外债拉动型的经济增长的脆弱性。

《斯里兰卡为何“爆雷”？》同样是一篇关注国家债务危机的文章。2022年4月，斯里兰卡总统宣布本国进入公共紧急状态。本文研究斯里兰卡在安全、新冠疫情危机冲击下发生财政危机进而触发的主权债务危机，不仅关注美联储紧缩周期，还关注斯里兰卡的战争举债、财政约束等现实困境与制度背景。

《美国会爆发债务危机吗？》以美国债务上限为引子，通过追溯美国债务上限这一制度的历史背景作现实性分析。此外，现实程序里美国债务上限还往往与美国政党博弈挂钩。这篇文章最后还论及财政预算发行、货币的软约束问题。

本书的最后两章为固定类专题：“观历史”与“大家治学”。

面对不断累积的债务，破产法是一道安全防火线。《一部债务与破产的政治史》回顾历史，上溯18世纪美国破产法的演进过程，思考其中原则。《回顾百年经济危机史》则复盘了西方经济史中的数次经济危机，每一次经济危机都彰显了当下的公司制度、金融制度、货币制度的风险漏洞，应引起重视。

本章的“大家治学”介绍了大名鼎鼎的经济学家约翰·梅纳德·凯恩斯。凯恩斯的《就业、利息和货币通论》对古典经济学来说是一场革命，他提出的政府干预主义正合时宜。“二战”后的二十多年，凯恩斯主义统治了主流经济学界和欧美经济决策部门。

但是，用“干预主义”这一标签去解读凯恩斯是不全面、不客观的。本文结合凯恩斯生平经历、所处时代背景、理论学界的记录，还原历史上的凯恩斯。

最后，期望读者能够在本书中获得知识与乐趣，以经济学的思维思考工作和生活中的现象与问题。本书如有疏漏之处，还望读者给予批评指正。

目录

债务经济

债务与资产，看似对立，却也可以相互置换。在抵押制度下，债务是有效的资产利用，资产是债务的信用之锚。

但当债务螺旋产生时，债务清偿导致资产价格螺旋式塌缩，债务危机随即爆发。每一场经济危机，似乎都有债务螺旋加速的作用。

当今世界，债务犹如幽灵一样飘浮在全球经济上空。错误的制度（政策）导致了利率扭曲，饲养了“经济巨婴”。个体、企业乃至国家，建立多宽的“护城河”，才能避免信用坍塌？

泡沫经济是债务经济

债务风险像一柄达摩克利斯之剑悬在世界经济的上空。与其说它是“黑天鹅”，不如说是“灰犀牛”。它是可预见、大概率且影响巨大的潜在危机。房地产贷款、消费信贷及政府债务，一直是被官方和学界警示的“灰犀牛”。如何阻止“灰犀牛”奔袭？本节从债务螺旋出发探索债务危机的根源。

01
债务螺旋

债务与杠杆是硬币的一体两面。杠杆的正向作用是以小博大，加速繁荣；反向作用则是信用坍塌，加速崩溃。前者向上循环，后者向下循环。向上还是向下，有时仅是经济效果的毫厘之差。

债务危机的可怕之处，并非债务规模之巨，而是债务螺旋。债务螺旋，通常被理解为信用坍塌的连锁反应。

比如，张某已失业半年，没钱还房贷。他准备向亲朋好友借钱以渡过难关，但亲朋好友因其失业对他的个人信用产生了怀疑，纷纷拒绝借款。其中一位朋友还是张某的债权人，他开始不讲“武德”逼着张某还钱。无奈之下，张某只好紧急出售汽车还贷、还债。汽车折价出售，资产价格下跌。如此，张某陷入了糟糕的债务螺旋。

2017年，万达突然遭遇银行集体抽贷，导致陷入债务螺旋。王健林“断臂求生”，果断出售万达酒店等资产，但信用受到冲击，资产价格缩水，王健林损失了近千亿。

美国经济学家欧文·费雪最早解释过债务螺旋，他在《繁荣与萧条》中提出了债务—通缩理论。费雪本人在大萧条期间也陷入了债务螺旋，从此一蹶不振，最终在债务与病痛中死去。

在1929年大危机之前，费雪是当时美国最负盛名的经济学家，也是世界上最富有的经济学家。在耶鲁大学任教期间，他发明了一种可显示卡片指数系统，并获得了专利，创办了一家可显示指数公司。费雪可以算得上是建立和使用经济指数的先驱，经济学家詹姆士·托宾称费雪为“历史上最伟大的指数学家”。

这个公司后来与竞争对手斯佩里·兰德公司合并。在20世纪20年代，费雪出售了公司股票，成了百万富翁。在大危机来临之前，费雪启用高杠杆，大量借钱买入兰德公司的股票。1929年10月，他的股票市值超过了1000万美元，使其一度成为世界上最富有的经济学家。

这时，费雪宣称，股市已经到了“永久性的高地”。危机爆发后，这成为“可能是史上最离谱的股市预言”，费雪名声扫地，手中的股票贬值如纸，为偿还负债而倾家荡产。根据他儿子估计，费雪在大危机中的损失大概为800万~1000万美元，连家人以及亲属的钱都赔进去了。

从此，费雪的人生进入漫长的“大萧条”。大萧条期间，费雪还不幸感染了肺炎，美国税务局又将其列为“强制执行人”。此后，费雪基本上靠妻子亲戚的救济度日。他欠下75万美元，直到1947年去世也没能全部偿还。

不过，大萧条期间，深陷债务危机的费雪全身心地扑到研究与写作上。费雪最有影响力的著作都是在大萧条期间创作的。在最艰难的1932年，费雪出版了《繁荣与萧条》。在这本书中，费雪根据自己的亲身经历及观察，加上一些理论研究，提出了债务—通货紧缩理论。

这套理论描述了信用塌陷的恶性循环过程。债务、货币数量、价格水平、净值、利润、生产、心理、货币周转率以及利率，这九大因素相互作用，促使债务人或社会系统陷入加速下行的债务螺旋。

比如，负债累累的企业为了应对经济下行、现金流紧张，试图甩卖资产或存货以清偿债务。然而，资产或存货甩卖引发资产或商品价格下跌、银行授信额度下跌；价格下跌导致利润下降，授信额度下降导致银行抽贷、贷款额下降，甚至引发供应商及合作伙伴的不信任，进一步加剧债务危机。

债务螺旋是一种越是去杠杆，杠杆率越高的现象。

一家企业的债务危机一旦击穿社会的金融信用基石，引发资产价格整体暴跌，那么原本资产负债表健康的企业也可能因陷入债务螺旋而倒闭，最终引发金融危机。

比如，2008年雷曼破产引发债务螺旋，导致房地产、股市上万亿美元的资产蒸发：资产价格崩盘导致商业银行集体紧缩银根，大幅下调授信额度，市场陷入流动性恐慌；企业借贷成本上升，进而抛售资产以挽救流动性，但资产抛售又引发资产价格下跌，导致银行授信额度进一步下调……如此恶性循环。贝尔斯登、房利美、房地美、美国国际集团、花旗银行、通用汽车等巨头均卷入其中。

债务螺旋的存在使我们产生了疑问：在资产负债表中，多宽的护城河才是安全的？

费雪将危机爆发的源头归结为过度负债。但是，如何界定“过度”是一个难题。我们所知道的是，经济杠杆率越高，资产价格崩盘越厉害，信用坍塌越凶猛，债务螺旋就越深。所以，拓宽护城河，其实就是控制杠杆率。

以《巴塞尔协议》为例。1974年富兰克林银行破产后，欧美国家的银行监管当局在第二年达成了这个协议。最开始，监管当局主要关注银行的信用风险，也就是杠杆率，关键指标是银行的资本充足率。但是，巴林银行在1993年的资本充足率远远超过8%的监管要求，到1994年底依然被认为是安全的。1995年2月，期货经理尼克·里森却因违规的投机操作以迅雷之势葬送了这家老牌银行。

巴林银行的突然破产让监管当局意识到市场风险与信用风险可能相互波及。股票等资产价格崩盘，导致银行的抵押资产大幅缩水，从而表外头寸损失的风险重创银行信用，这就是债务螺旋。

1996年《巴塞尔协议》增加了补充协议，以计提资本金来约束银行表内外业务风险。2008年金融危机爆发后，监管机构再次修改《巴塞尔协议》，旨在降低杠杆率。新协议将商业银行的一级资本充足率从4%上调到6%，同时计提2.5%的防护缓冲资本和不高于2.5%的反周期准备资本，这样核心资本充足率的要求可达到8.5%～11%。

问题是：核心资本充足率多高可抵御债务螺旋？在收益与安全

之间，杠杆率多少才是合适的？很多商业银行都满足《巴塞尔协议》的核心资本充足率要求，但也有人认为，房地产泡沫崩盘可瞬间击穿商业银行的信用。

费雪的债务螺旋理论很好地描述了债务危机爆发的过程，但是没能探索到债务危机爆发的根源，在债务护城河的设置上陷入经验主义。

02
利率扭曲

2020年，网络上流传这样一个段子：房地产发展这么多年，现在卖房子的欠一屁股债，买房子的也欠一屁股债，更玄幻的是，卖地的地方政府也欠了一屁股债……

问题来了，房价涨了那么多，钱都被谁赚走了？

这个问题并不容易回答。这些年，房地产公司确实赚了很多钱，但同时也负债累累。2019年恒大、碧桂园、融创、绿地、华夏幸福、泰禾剔除预收款后的资产负债率均超过80%。地方政府及家庭部门的债务也不断上升。截至2020年8月末，全国地方政府债务余额为25.1万亿元；家庭债务近十多年持续上升，其中大部分来自房贷。

问题出在哪儿？

比如，一家公司在一个项目上赚了1000万元，老板用这笔资金配比1000万元银行贷款，投资第二个项目。如此循环下去，业务规模越来越大，杠杆率也不断攀升，即便每个项目都赚钱，但只要现金流枯竭，这家赚钱的公司就可能破产。

过去，房地产采用高周转模式，后一个项目的贷款（融资）支撑前一个项目开发，不断循环滚动，周转率越高，获利机会越大，但杠杆率也持续增加。到今天，地产巨头们的杠杆率已达到相当高的水平。

按照价格定律，房地产、政府及家庭持续大规模借贷，银行利率会持续上涨，从而抑制借贷需求，压低杠杆率。但现实是，利率没有因为借贷需求扩张而大幅上涨。可见，问题出在利率上。

为什么利率市场失灵？换言之，利率市场的自然调节为何没能有效地抑制债务危机？

如果借贷的资金源自社会储蓄，那么利率会随着需求的增加而上涨，因为储蓄毕竟是有限的。但是，如果借贷的资金源自人为创造的多余货币，那么利率不但不涨，甚至还可能下降。换言之，支撑房地产、地方政府、家庭不断扩张信贷的，并非社会积累的储蓄，而是人为创造的多余货币。

瑞典经济学家克努特·魏克塞尔在1898年写了一本书《利息与价格》，区分了货币利率和自然利率。货币利率是指市场利率，自然利率是总需求等于总供给时的利率。根据魏克塞尔的理论，当市场利率等于自然利率时，银行供应的货币数量是最优的。换言之，当人为创造多余货币时，市场利率长期低于自然利率，从而制造了流动性泛滥，进而推高了经济杠杆率。

理论上，商业银行降低利率，房地产、家庭也未必会借贷，他们会根据自身的资产、债务及收益状况理性选择。但为何还会爆发债务危机？后来，米塞斯和哈耶克将魏克塞尔的理论与庞巴维克的迂回生产理论相结合创建了商业周期理论。哈耶克在米塞斯的《货币与信用理论》(1912)基础上写了一本书《价格与生产》,指出自然利率和市场利率的差额造成了商业周期。当市场利率小于自然利率时,投资大于储蓄,经济出现通胀;当市场利率大于自然利率时,投资小于储蓄,经济出现通缩。

米塞斯和哈耶克二人的商业周期理论认为,人为控制利率,导致价格扭曲,从而误导了企业家的迂回生产。

比如,利率下降刺激企业家借贷扩张生产。生产扩张引发原材料价格上涨,供应商企业误以为市场需求增加进而扩大生产。生产扩张使得就业率增加,劳动力价格上涨,收入增加、利率下降刺激信贷和房贷扩张,房价和物价上涨,家庭部门的杠杆率提升。表面上看,企业、家庭的收入都在增加,但资产价格和消费物价也在上涨,同时整个经济的杠杆率攀升,这时市场已经出现了集体性误判。弗里德曼将这一现象解释为货币长期中性。

费雪也指出了利率波动引发的市场混乱:"一个几乎涉及每个交易并且时而膨胀、时而萎缩的度量单位必然会导致混乱,而且是各种问题上的混乱——物价的混乱、数量的混乱、分配的混乱,以及与订立合约各方相关的因素的混乱。"

银行长期压低利率,催生一批劣质的信贷、劣质的需求、劣质的企业、劣质的市场,加剧了市场的脆弱性。

什么是"劣质"?比如一家企业急需贷款,但按正常利率它是还不起利息的,这种贷款需求属于无效需求。如今利率被人为压到接近于零,它有能力偿还微乎其微的利息,银行给这家企业批了一笔信贷。这笔贷款是人为创造出来的,其实是劣质的信贷、劣质的需求和劣质的市场,这类企业就属于劣质的企业。

如果利率上升或回复到自然利率水平,这类劣质的企业将面临破产，持续累积的劣质市场崩盘，击穿金融防火墙，引发债务螺旋。有些人认为，输血可以救企业，甚至还可以强壮企业，支持企业技术创新。事实上，技术创新从来都是竞争出来的，而不是喂养出来的。非竞争性、低利率的货币输血，只会持续拉低实体经济的投资边际收益率，将社会资本引入资产泡沫市场，从而阻碍企业的科技创新力。

低于自然利率的宽松政策，其实是在饲养“经济巨婴”，给劣质的企业输血，阻止市场正常出清。同时，这种宽松政策还可能使优质的企业也沦为“巨婴”。所以，债务型经济（信用透支）其实是“巨婴经济”。

凯恩斯主义者主张周期性调节，经济萧条时扩张货币，经济景气时再通过紧缩政策将多余的货币回收。这是一种想当然的做法。宽松政策如巨石下山，一路高歌；紧缩政策如推石上山，一路哀号。更重要的是，宽松政策饲养了大批劣质企业，一旦拔掉输血管，这些企业将立即爆雷，市场集中且以数倍的规模出清，债务规模性爆发。

所以，最近40多年，债务危机几乎都发生在美元紧缩周期。危机一旦爆发，或者市场陷入衰退，货币政策又迅速切换到宽松周期。央行每一轮周期都采取非对称操作，每次下调利率的幅度都大于上调利率，从而导致利率持续下行，长期低于自然利率。数据显示，从20世纪80年代开始，美国、欧洲、日本的利率水平在一轮轮“不对称操作”中持续下降，如今已降到零附近。

所以，债务危机是因杠杆率而引发的集体违约事件，而人为干预利率是引发集体违约的重要因素。

03
制度缺陷

人为干预利率，属于货币及银行制度问题。

布雷顿森林体系崩溃后，世界进入信用货币时代。没有了刚性约束，央行可自由地掌控利率。换言之，信用货币时代，央行主导了利率水平，导致了价格扭曲。这就是最近40多年金融危机演变为债务危机的关键。

在美国，美联储通过调节联邦基金利率和公开市场操作来干预市场利率。2007年次贷危机直接原因是美联储长期压低了市场利率。东亚国家的人为主导因素作用更为强烈，财阀、国企向国有银行及关联银行借贷，从而扭曲了市场利率。1997年亚洲金融危机瞬间击穿了日韩等国的金融防火墙。

利率即价格，必须交给市场去发现，由自由交易来决定。没有任何人，任何一家央行、商业银行及政府，能精确掌握自然利率水平，只有自由市场才能决定自然利率。

所以，利率问题其实是货币及银行制度问题。

在信用货币时代，什么样的银行制度是科学的？

在法定货币制度下，央行负责建立货币制度及监管，商业银行负责货币扩张，信贷市场决定价格（利率）及供应量（货币发行量）。较接近这一模式的是中国香港的银行系统。香港没有央行，香港金融管理局确立发行规则，并扮演了监管角色。汇丰、渣打、中国银行（香港）三家商业银行向金融管理局缴纳一定数额的美元，换取等值的港元“负债证明书”后，才能增发港元现钞。在这种制度中，基于对自身风险及利润负责，商业银行不会盲目压低利率和扩张信贷。

庞巴维克、米塞斯和哈耶克认为，只要市场利率与自然利率相一致，市场即可达到均衡状态，便不会爆发经济危机。这种观点并不正确，他们忽略了制度的内生性。如果缺乏有效的市场制度，自由市场是无法达到最优效率的，还可能引发危机。

法国古典政治经济学家西斯·蒙第在《政治经济学新原理》（1819）一书中指出："人们所受的各种灾难是我们社会制度不良的必然结果。"

制度的内生性，主流经济学界并未完全接受，也没有得到充分论证。为什么说缺乏有效的制度，自由市场无法达到最优效率？换言之，制度是帕累托最优的必要条件——判断依据是什么？

主要有以下三个逻辑：

第一，市场效率根本源自知识及技术创新，知识及技术创新的基础是制度（新制度经济学）。

第二，制度是个体（包括政府）契约的公共化。怎么理解？在市场交易中，大量的市场契约经过反复博弈会形成一些共识性条款，比如包退包换、侵权赔偿等。这些共识性条款经过公共化（立法）后便形成了消费者保护法、侵权法等。当然，有些法案如汽车召回制度，是消费平权运动的结果。但是，如果这一制度没能让市场接受，定然会降低经济效率。所以，个体契约是自由市场的一部分，个体契约公共化形成的制度自然也是自由市场的一部分。

第三，庇古在《福利经济学》中提出了市场最优效率的条件，即私人边际收益=社会边际收益。这个等式的意思是：当"没有人能够占他人的便宜"时，经济是最优效率的，理论上是没有外部性的。如何才能达成？庇古求诸于政府，因为这个等式蕴含着制度要素，即“没有人能够占他人的便宜”的公平制度。

近代市场兴起以来，人类在制度建设上总是在效率与风险之间博弈。比如，有限责任公司制度、股票交易制度、现代银行制度都是加杠杆的制度，都极大地提高了经济效率，但也蕴藏了巨大的市场风险。为此，便设立了公司法、证券交易法、信息披露制度等来抑制风险。

市场效率与保障性制度博弈的平衡点是私人边际收益=社会边际收益。各个行业的制度不同，但有效制度的唯一标准便是这一等式，可理论上消除外部性。

比如，每天都有餐饮店倒闭，却没有引发经济危机。为什么？因为餐饮业的市场集中度很低，同时杠杆率也很低。但是，餐饮店依然有外部性，比如食物中毒等卫生安全事件。所以，餐饮行业的制度监管更加侧重于卫生安全，而不是经营风险。

银行与餐饮店则完全不同。银行集中度高，杠杆率也高，一旦倒闭，则容易触发系统性风险，这就是银行的外部性。所以，银行业的制度监管重点在金融风险上。但是，制度性监管不等于行政性垄断。相反，银行业需要打破行政性准入，不论是国有还是民营的金融机构都应该在统一的监管制度下自由竞争。

我们回归到债务危机这个主题。债务危机根本上是由错误的制度（政策）引发的。制度具有公信力，错误的制度相当于鼓励人们犯错。比如大萧条后，美国联邦政府为了刺激房地产业，推动房地产证券化，但是商业银行对市场缺乏信心，联邦政府便成立房地美、房利美来收购商业银行的信贷合同，这就相当于政府给商业银行的借贷做了担保。之后，房地美、房利美虽然私有化，但与政府依然保持着千丝万缕的关系。加上政府鼓励买房和发放次贷，最终诱发了道德风险。

从债务螺旋，到利率扭曲，再到制度问题，我们发现，债务螺旋只是债务危机的表现形式，利率扭曲是引发债务危机的关键因素，错误的制度（政策）才是债务危机的根源。

不过，债务危机不可能完全消除。虽然制度可以约束人的非理性与机会主义，但制度建立及执行本身也包括了人的非理性与机会主义。

所以，在真正有效的制度里，央行及政府应保持自身的独立性，不为多数人选票而左右，坚持原则，即私人边际收益=社会边际收益。

参考文献

[1] 欧文 · 费雪.繁荣与萧条[M].李彬，译.北京：商务印书馆，2014.
[2] 魏克塞尔.利息与价格[M].蔡受百，译.北京：商务印书馆，1997.
[3] 哈耶克.价格与生产[M].许大川，译.台北：台湾银行经济研究室，1966.
[4] 西斯 · 蒙第.政治经济学新原理[M].何钦，译.北京：商务印书馆，1998.
[5] 庇古.福利经济学[M].朱泱，张胜纪，吴良建，译.北京：商务印书馆，2006.

债务危机是货币危机

2021年开始，房地产市场经历了一场债务违约潮。华夏幸福、泰禾、蓝光、中弘、福晟、实地、阳光100、恒大等大型地产商均出现债务违约。

其中，恒大地产债务问题备受关注。“三道红线”政策出台后，恒大开始在全国多地降价卖房回笼资金。但是，债务规模太大，资产甩卖引发债务螺旋风险，供应商公开讨债，银行紧缩信贷，资产价格暴跌。

债务危机已成为最近40多年世界经济挥之不去的“幽灵”，20世纪80年代拉美债务危机、1990年日本泡沫危机、1997年亚洲金融危机、2008年全球金融危机均属债务危机。债务危机为何频发？它是如何形成的？又是如何爆发的？根本问题在哪里？如何解决债务危机“幽灵”？

本节从经济学的角度探索债务危机的根源、逻辑及解决方案。

01 危机的源头

如何解释危机？这个问题困扰了经济学界近两百年之久。

19世纪上半叶，英国频繁爆发经济危机，主要的特征是产能过剩，因此被界定为过剩性危机。但是，为什么会出现供给过剩？

除了工业革命带来的技术冲击外，最重要的原因是银行过度扩张信贷。当时，英国还没有中央银行，大小银行均可以发行自己的金本位银行券，银行券很快替代了黄金成为支付货币。不过，银行并没有按照百分之百的黄金准备金来发行银行券，通常银行备有的黄金只有银行券发行量的二分之一、三分之一甚至更少。

1825年英国爆发了一次经济危机。之前4年，英国大规模对外输出产能，英国纺织商人对中南美洲的投资激增。从1821年到1825年，伦敦交易所共对欧洲和中南美洲国家发行了4897万英镑公债，英格兰银行减少了国内私人贷款，将更多的信贷配置在南美洲市场。但是，1825年下半年中南美洲投资泡沫崩盘，超过3000家企业倒闭，纺织机械设备价格大跌80%。这场危机还外溢到英国金融系统及制造业。

危机爆发后，大量投资者和储户纷纷挤兑银行，用银行券兑换黄金，近百家银行破产。英格兰银行黄金储备也因此暴跌，从1824年底的1070万英镑降至1825年底的120万英镑。

1837年，英国爆发了一次波及全产业的系统性经济危机。其时，铁路修建刚开始兴起，英国大量资本投资铁路及相关的冶金、煤炭、机车制造、运输等行业，刺激英国经济连续12年增长。

但是，没有足够储蓄的投资扩张是危险的，没有足够黄金储备的信贷扩张也是危险的。1837年，铁路投资崩盘引发系统性经济危机，银行系统再次爆发挤兑风险。这次，为了阻止黄金流失，英格兰银行竟然关闭黄金兑换窗口，导致了严重的货币信用危机。

英国民众以及政治家对银行失信极为不满，他们开始讨论改变、废除现行的银行制度以及货币发行体系。英国议会“众院发行银行委员会”启动了一次听证会，英格兰银行董事长诺尔曼在证词中使用了“通货主义”和“银行主义”的名称，后来被称为“通货学派”和“银行学派”。两大学派的观点对立，诺尔曼、皮尔等代表通货学派，他们认为，银行可以发行银行券，但是必须有足额的黄金储备，过度发行会诱发金融危机；图克、富拉顿、威尔逊等代表银行学派，他们反对全额黄金准备制度，认为银行会根据市场的需要供应信贷，不可能随意增加银行券的发行。

最后，通货学派获得了胜利。1844年，通货学派的皮尔担任首相后推动英国议会通过了《皮尔条例》。这一条例是货币及银行史上的转折点，也改变了人类经济的发展进程。

第一，集中了货币发行权。该条例废止了银行券由多数私人银行发行的制度，授权给英格兰银行集中发行。当时英格兰一共有279家私人银行拥有发币权，若银行倒闭则发行额度自然失效，其额度转移到英格兰银行。

第二，采用全额准备金发行货币。该条例规定只能发行1400万英镑以政府借款为保证的银行券，超过此限额的发行，必须有100%的黄金保证。

第三，中央银行与商业银行分离。该条例规定改组英格兰银行，分设发行部和银行部。发行部履行中央银行职能，负责发币、管理国债、保管黄金外汇等；银行部相当于商业银行，没有货币发行权，负责发放信贷。

《皮尔条例》其实确认了英格兰银行的央行地位以及英格兰银行券的法偿货币地位。这是货币史上的标志性事件——近代第一家央行及第一个法定货币诞生。

但是，被限制的私人银行不满，英国哲学家赫伯特·斯宾塞也质疑英格兰的货币垄断。为了平衡利益，英国政府对私人银行许诺，若私人银行遭遇挤兑危机，英格兰银行需要为他们提供紧急贷款。英国经济学家沃尔特·白芝浩是《皮尔条例》的支持者，他在《伦巴第街》中将这一许诺概括为“最后贷款人”原则：“在金融危机时，银行应当慷慨放贷，但只放给经营稳健、拥有优质抵押品的公司，而且要以足够高的、能吓走非急用钱者的利率来放贷。”

至此，中央银行法定货币制度+商业银行+最后贷款人原则，成为全球货币及银行体系的标准版本。但是，这恰恰是一切经济危机、金融危机、债务危机的根源所在。如今，如果要追溯危机的源头，那么这个源头就是《皮尔条例》。2008年金融危机爆发，越来越多的经济学家意识到，当今世界的货币及银行体系存在问题。西班牙奥地利学派经济学家赫苏斯·韦尔塔·德索托教授在其出版的《货币、银行信用与经济周期》一书中，将问题追溯到《皮尔条例》。

但是，该条例之前，英国不也爆发过经济危机吗？

该条例之前的英国经济危机是信贷危机，归根结底是法律监管缺失。为什么这么说？当时很多银行违背承诺，削减黄金储备，发行银行券。爆发挤兑危机后，又如英格兰银行一样关闭黄金兑换窗口。这些行为都属于欺诈行为，但是政府疏于监管。银行家逃脱法律制裁很容易，反而激励他们更加冒险投机，信贷市场成了欺诈猖獗、劣币驱逐良币的混乱市场。

美国的私人银行与中央银行的斗争达百年之久。在私人银行市场，监管不力，银行野蛮生长。1810年，美国只有88家州立银行，到1860年，州立银行增加到1562家，据估计，市场上流通的私人银行发行的货币超过10000种。这些州立银行的注册门槛极低，这些纸币也多以金本位著称，但不少是“空头支票”，缺乏足够的抵押物。为了躲避顾客拿银行券上门兑换金银币，很多银行故意设在偏远地区。这种擅长“躲猫猫”的银行被戏称为“野猫银行”。除了监管不力，美国政府实行了保护性质的单一制银行制度（不允许跨州经营），这种限制性制度加速了州立银行的扩张和倒闭。州立银行无法跨州经营，降低了其融资及信贷投放效率。

德索托教授认为，《皮尔条例》的问题是，没有将全额准备金制度推广到商业银行。商业银行的信贷扩张没有足够的真实储蓄，导致信贷扩张泛滥。德索托教授将该条例出现前后的问题都归结为准备金及真实储蓄不足下的信贷泛滥。当然，他也反对货币计划制度。

在这一问题上，笔者的观点与德索托教授有所不同。德索托教授似乎倾向于让全额准备金的储蓄业务往“保管箱业务”上回归，但笔者想，德索托教授对银行理解或许有误。其实，全额准备金制度并不是问题的本质，问题的本质是英国皮尔首相采用了消灭市场的方式替代法律监管。《皮尔条例》出现前后的经济危机性质是完全不同的，其之后的经济危机，本质上是货币垄断危机、货币计划危机、货币统制危机。但是，货币统制危机的“锅”却往往由商业银行来背。为什么？

因为在现行的法定货币及银行体系下，商业银行定然会陷入扩张悖论。理论上，商业银行应该尽可能大规模拓展信贷，但是如果银行这么做，一定会有隐患。比如，假如市场上只有100元，商业银行吸收这100元作为存款，记为负债；同时，将其全部贷给李某（假设准备金为零，以房产为抵押），记为资产。李某用这100元从王某手上购买了一本书。王某将这100元存入银行，银行又记为负债。这里就存在两个问题：一是王某和李某同时取款，就会发生挤兑危机；二是李某没有额外的货币归还贷款，一定会出现违约。

有人认为，这里的问题是准备金不足，因此需要提高准备金率。其实，这不是问题的根本。在银行的资产负债表中，表面上负债（存款）等同于资产（贷款），没有风险。其实，这是伪命题。因为存款和贷款的流动性完全不对等，活期存款的用户随时可取款，但是贷款的抵押资产无法随时变现。银行有李某的贷款合同以及抵押资产，但是无法换成货币。李某也有资产（书），但也无法换成货币。因此这里的问题是，货币过度匮乏，流动性被抑制。在银行中，流动性就等于生命。银行越扩张，货币乘数增加，存款的流动性越大，而贷款的流动性不变，银行最终就会崩溃。这就是商业银行的扩张悖论。

为什么商业银行的贷款流动性被抑制？根本原因就是央行剥夺了商业银行的货币发行权，商业银行不能自行扩张货币，也就无法降低货币乘数和流动性风险。所以，货币统制是一切经济危机的根源。

02
危机的演变

现行央行制度之下，商业银行的信贷扩张，一定会导致银行危机爆发。央行统制货币与商业银行扩张悖论，定然会导致货币错配及信贷泛滥。

德索托教授在《货币、银行信用与经济周期》一书中使用了米塞斯及哈耶克的商业周期理论，“阐述了6个不可避免的自发微观经济效应，以逆转由持续而强烈的银行信用扩张引发的虚假繁荣”。米塞斯、哈耶克及德索托更加细腻地解释了信贷扩张是如何引发危机的。他们的逻辑是，额外的信贷增加导致消费品及资本品价格波动，误导企业家扩张迂回生产的周期，增加远期消费的投资。当信贷紧缩，利率提高，远期投资项目开始亏损，资金链断裂，债务危机出现。

不过，如今更多的危机并非“远期”与“近期”投资失衡，而是实体投资与金融投资失衡。在此，笔者对德索托教授的逻辑做了一些改进。

银行扩张信贷，利率下降，刺激企业家增加贷款。贷款成本降低，预期利润率增加，企业会增加投资，加大对生产要素的采购，原材料、大宗商品及劳动力价格上涨。这时，关键看消费品市场的价格是否上涨。

劳动力价格上涨，家庭收入增加，消费随之增长，推动消费品价格上涨。另外，银行扩张信贷，刺激消费信贷增长，消费扩张，也促进消费品价格上涨。但是，消费扩张很快就会停顿下来。因为所谓家庭收入增加，增加的只是名义收入，物价上涨使实际收入并没有增加。消费信贷扩张不是建立在真实收入和储蓄的基础上，难以持续，甚至可能陷入消费债麻烦。

消费品价格上涨，但是家庭真实收入和储蓄没有增加，消费无法持续扩张，不会刺激企业持续扩大生产。企业家意识到原材料、大宗商品及劳动力价格上涨削减了利润率，也会停止产能扩张，更不会增加远期投资和技术投资。

还有两个更糟糕的结果：

一是劳动力工资上涨，消费品价格上涨，但由于收入分配和边际消费倾向的问题，真实劳动力工资反而下降，通胀其实削减了低收入者的财富。这时，李嘉图—哈耶克效应会起反作用，企业家会增加对廉价劳动力的雇佣，而减少资本（机器）的投入，直到劳动力的边际价格与资本的边际价格趋同。这不利于实体经济的技术进步。

二是在制度不健全的国家，普通家庭储蓄严重不足，消费能力薄弱，劳动力价格上涨缓慢，消费品价格低迷，这时企业将遭遇两头挤压：上游原材料、大宗商品价格上涨，下游消费品价格低迷、利润下降，甚至陷入亏损。这样，企业会减少产能扩张，降低对实体经济的投资。

企业家手握大量的信贷资源投入哪里？

他们会将资本大量投入金融市场，推高金融资产包括房地产的价格。原因有三：一是与实体经济相比，金融市场短期投资回报率高，存在套利空间；二是“大而不倒”“刚性兑付”的存在诱发道德风险，市场认为中央银行是金融市场最终的“购买者”、兜底方；三是与远期实体投资相比，金融市场的流动性高、周期短，可以降低现金流风险。

2008年之后，世界经济是两极分化的，实体经济低迷，金融市场膨胀。这十多年，美国实体经济低迷，企业家、金融家将大量信贷配置在金融市场，同时美联储直接将货币投放到了金融市场，美股及债券市场膨胀。

在中国，更多的货币进入了房地产市场，而房地产项目就是一种金融项目，开发商采用高周转的模式，拿出一笔资金拍地，用土地抵押贷款，然后开始建设，六个月后上市销售，购房者按揭贷款购房，开发商回笼资金的同时，又进入下一个项目。在房地产项目中，银行居于核心地位，开发商的关系融资能力是核心竞争力。碧桂园、恒大均是高周转模式的代表。

恒大在快速扩张过程中，也往汽车、网络、物业等领域扩张，但恒大投资新能源汽车，并不是在做远期投资，也不是在做技术投资，而是在做金融投资。恒大汽车未量产上市，就在港股上获得几百亿元的融资，同时市值超过了其母公司恒大集团。

但是，没有真实收入和储蓄支撑的信贷扩张终会停止。过去，金融市场还未如此繁荣，大量信贷进入实体经济，实体经济爆发滞胀危机（通胀和萧条并存），标志着信贷扩张的结束。如今，信贷资金进入金融市场，金融资产价格反复崩盘，中央银行反复救市，导致金融市场的信贷及货币持续泛滥。如何结束它？

如今，中央银行的资产与金融资产高度捆绑，中央银行为商业银行、金融企业及金融市场提供“最后贷款人”保证。金融资产价格崩盘，不仅不会终结货币扩张，反而会促使央行加大货币投放。中央银行反复干预，实体经济愈加通缩，金融市场愈加膨胀，加大社会贫富差距和不公平性，则可能诱发政治上的风险。这迫使政治行为发生改变，从而使市场的政策性风险大大增加。有些时候，政治上的干预未必是理性的、正当的，但它试图打断原有的货币输送和利益格局。

一旦政策风险出现，流动性可能立即萎缩，市场容易陷入债务螺旋。

从2020年下半年开始，中国监管部门开始限制信贷进入房地产市场，尤其是“三道红线”出台后，一些房地产企业的融资规模被限制了。恒大由于踩中了“三道红线”，有息负债规模不能增加。后来，一道红线变绿了，但有息负债规模年增速不得超过5%。

为了解决现金流问题，恒大在2021年上半年在全国各地打折出售房产。但是，这引发了债务螺旋风险。“三道红线”叠加恒大打折出售房产，给市场释放了债务风险信号。一些地方政府限制恒大过度低价销售，一些供应商发布公告讨债，一些银行下调恒大的授信额度。广发银行最早嗅到“危险”，向法院申请诉前财产保全，请求冻结恒大银行存款1.32亿元或查封、扣押其他等值财产。越是大规模出售资产，资产价格越是下跌。恒大股价从2020年7月最高的27.1港元下跌到2021年8月的5.3港元，恒大汽车从2021年2月的72港元下跌到2021年8月的12港元，总市值均大幅度缩水。同时，恒大地产的信用债券评级也大幅度下跌，国际评级机构将中国恒大和恒大系相关公司的信用评级下调到CCC的负面评级，恒大在债市上融资的难度逼近极限。

全国各地卖房无法“解近渴”，恒大开始谋求整体性出售资产。2021年8月初，恒大出售恒腾网络股权，回流32.5亿港元现金。8月10日，恒大发布公告，称正在接触潜在独立第三方投资者，探讨出售包括但不限于恒大汽车及恒大物业的部分权益。如果整体性出售资产不顺利，还可能进一步导致资产整体下跌。

这就是可怕的债务螺旋。

03
危机的终结

米塞斯、哈耶克及德索托的理论解释了“高楼如何起来”，费雪的债务螺旋理论解释了“高楼如何垮塌”。但是，费雪的债务螺旋容易让人产生误解，它启发了凯恩斯、卡恩的乘数理论，以及在此基础上的汉森和萨缪尔森的乘数—加速原理、明斯基的金融不稳定性假说，这些理论却并不全面，他们认为，金融市场存在固有的脆弱性，银行危机是内生性的。其实，金融危机也受到外生因素的影响，它是由错误的货币统制及银行制度造成的。

所以，终结危机的根本办法就是重塑全球货币及银行体系。

第一，必须废除货币统制经济以及法定货币制度，重新建立自由的货币市场。

1844年《皮尔条例》诞生时，英国自由主义被精英阶层广泛接受，为什么还会出现货币管制？这或许跟当时流行的“货币面纱论”有关系。休谟、斯密、萨伊都奉行这一理论，正值学术巅峰的小穆勒更是这一理论的集大成者。“货币面纱论”认为，货币本身没有价值，是外生的。它只不过是一种便利的交换媒介，对经济的实际产出没有影响。因而长期以来，经济学家将货币排除在经济系统之外，对待货币制度不够谨慎。

1837年英国爆发经济危机后，英国政治家认为是银行滥发银行券诱发了危机。在这场政治博弈中，通货学派代表的政治力量剥夺了银行的货币发行权，银行只负责经营信贷市场，提高货币配置效率。皮尔首相认为，既然货币是外生的，那么就可以直接采用中央计划的方式发行货币。

直到1898年，瑞典经济学家克努特·魏克塞尔出版了《利息与价格》，提出“累积过程理论”[①]，试图将货币与实际经济结合起来，才首次打破“货币面纱论”，一些经济学家如米塞斯、哈耶克、凯恩斯，意识到货币并非外生之物，它对投资、消费及经济产出有着实际的影响。

但是，经济学家错过了改变货币制度的机会。“一战”后，凯恩斯意识到了货币的重要性，提出使用扩张货币及财政的手段来干预经济。大萧条后，凯恩斯的主张逐渐被接受，政府也意识到货币是一种比征税更加便捷的方式。如此，中央银行及法定货币体系反而被政治家所掌控和强化。所以，从1898年以来，几乎所有的货币理论都是法定货币理论，都在维护货币计划经济。但是，货币计划经济相较于自由货币效率是更低的。真正能够拯救经济的，只有

① 这一理论的主要内容是：利息率可以区分为自然利息率（即正常利息率）和市场利息率（即金融市场的借贷利息率）两种。商品价格的上涨或下跌、经济活动的扩张或收缩，均取决于这两种利息率之间的关系和差额的大小。若两种利息率的差额为零，则投资和储蓄相等，这时投资的边际利润率恰好等于借款的利息率，增加投资无利可图，而减少投资又会减少利润，所以，投资既不增加也不减少，经济处于均衡状况。若自然利息率大于市场利息率，这时，增加投资有利可图，所以，投资增加，社会收入增加，物价上涨，经济处于扩张状况。这种扩张带有累积性质，一直扩张到劳动力和原料的需求使工资和原料价格日趋上涨，生产成本逐渐增加，最后自然利息率等于市场利息率，这是向上的经济扩张的累积过程。

自由货币。

第二，中央银行扮演监管者角色，将货币发行权下放到商业银行。

芝加哥学派早期有两个学术传统，认为货币和价格是重要的，弗里德曼借在芝加哥大学教授货币理论和价格理论很好地发展了这两大传统。弗里德曼主张货币自由化，包括利率自由化、汇率自由化、资本自由流通以及金融全球化。但是，弗里德曼留了一个尾巴，那就是中央银行还手握货币发行权，以及调节货币供应、干预利率价格的权力。为了管住央行的手，弗里德曼主张单一制规则，即按固定比例发行基础货币。但是，无强制约束力，央行的独立性很容易“变味”。

所以，最好的办法是彻底革除，从立法的角度剥夺中央银行的货币发行权，将货币发行权还给商业银行，将货币供应交给自由市场。为什么货币发行交给自由市场是可行的？正如斯宾塞提出的质疑：我们认为，面包等一切商品交给市场支配是最有效的，为什么货币交给自由市场，我们就不信任呢？从逻辑上看，哈耶克的信息分散理论和弗里德曼的价格理论可以说明，只有以价格为核心的自由市场才能组织分散的信息，满足每一个人的货币需求，调节每一家银行及货币供应者的货币供给。

在现有的货币及银行体系中，商业银行经常会陷入扩张悖论。但是，商业银行无力改变这一现状，关键问题在于中央银行及不当监管。商业银行扩张悖论的根本原因是：商业银行只有经营信贷的权力，没有货币发行的权力，难以将资产（贷款和自有资产）置换成货币，释放出流动性；同时，商业银行的资产（贷款）变现受到严格管控。授予商业银行货币发行权，商业银行可通过自有资产和贷款资产置换货币，增加资产的流动性，降低货币乘数和流动性风险。

总之，为了追求利率和控制风险，拥有铸币权的商业银行会比中央银行更加珍惜货币信用，能够更好地控制货币发行。

中央银行转变为纯监管部门，废除“最后贷款人”原则，只负责确立货币制度、掌控货币发行规则、监管商业银行。注意，正当的监管极为重要，自由银行时代的问题正是监管不当。

较接近这一模式的是中国香港的银行系统。香港没有央行，香港金融管理局扮演了监管角色，它不负责发行货币，但负责确定货币发行规则。香港金融管理局采用百分之百外汇准备金发行机制。汇丰、渣打、中国银行（香港）三家商业银行向金融管理局缴纳一定数额的美元，换取等值的港元“负债证明书”后，才能增发港元现钞。当然，香港金融管理局也会采用公开市场操作的手段干预市场，但目的并非控制汇率或货币发行量，而是确保汇率固定在7.80港元兑1美元上。

第三，打破法定货币垄断，破除汇率及资本管制，各国货币与私人货币在国际市场上自由公平竞争。

是否需要建立全额准备金？德索托继承了米塞斯金本位思想，认为要将全额黄金储备覆盖到储蓄市场。在回答这个问题之前，我们需要理解准备金是什么。

货币的本质不是交易流动性解决方案，是自由交易的信用解决方案。信用解决方案可以是人为设计的信用制度，也可以是市场自发形成的秩序，但后者更为根本。在一个没有货币的市场中，所有的交易者会自发地寻求可靠的可信的“值钱”的交易物，比如黄金。金本位货币、信用货币，是市场自发秩序和人为设计的信用制度的结合物。其中，金本位货币、信用货币的准备金，即储备资产，属于市场自发自生自选的货币。

在自由货币市场中，各个商业银行及私人货币发行机构自由公平竞争，他们可以自行选择可靠的储备资产，如黄金、美元、国债、房地产债券等，也可自行确立并公开准备金率。他们的资产和准备金率是否可靠，货币是否有价值，完全取决于市场认可不认可。当然，在科学论证的前提下，法律可规定最低准备金率标准。

靠近自由货币，从改变货币统制观念开始。

参考文献

[1] 丹 · 科纳汉.英格兰银行[M].王立鹏，译.北京：中国友谊出版公司，2015.

[2] 沃尔特 · 白之浩.伦巴第街[M].沈国华，译.上海：上海财经大学出版社，2008.

[3] 赫苏斯 · 韦尔塔 · 德索托.货币、银行信贷与经济周期[M].秦传安，译.上海：上海财经大学出版社，2016.

[4] 欧文 · 费雪.繁荣与萧条[M].李彬，译.北京：商务印书馆，2014.

[5] 魏克塞尔.利息与价格[M].蔡受百，译.北京：商务印书馆，1997.

地产名企债务困境

2021年上半年，恒大在全国各地甩卖房子，导致公司信用塌缩，资产价格暴跌，陷入债务螺旋。

恒大为何陷入债务螺旋？是否会引发系统性风险？中国房地产行业出现了什么问题？

本节分析恒大债务问题的原因、性质以及房地产行业繁荣背后的问题。

01
偿付性风险和流动性风险

恒大债务风险的性质是什么？

市场倾向于将其定义为偿付性风险，即经营不当引发的市场风险，主要表现为资不抵债。

从结果来看，恒大已经出现了大量违约债，银行、供应商、理财投资人、购房者等债权人均无法充分兑付。经过近一年的去杠杆，恒大的杠杆集中在供应商方面，截至2021年，对供应商的债务规模达9000多亿元。由于拖欠供应商账款导致大面积停工，经营性收入枯竭。恒大2021年6月、7月及8月的物业合约销售金额分别为716.3亿元、437.8亿元、380.8亿元，呈高速下滑之势。如果没有额外的流动性输入，经营性收入骤降，恒大的偿付危机会更加严重，引发全国各地项目的房屋交付危机。

从原因上来看，恒大的偿付危机源自其高周转与多元化扩张的失控。

流动性泛滥容易引发市场价格扭曲，企业家错误地以名义价格替代实际价格，进而扩张产能，导致生产结构扭曲。2008年金融危机后，企业家倾向于将资本配置在流动性强的金融产品（金融项目）上，而不是远期投资上。

近些年，恒大向地产之外的汽车、消费品、新媒体、医疗、文化、体育、百货等产业扩张。但是，除了主业外的所有产业几乎都是亏损的。实际上，恒大的产业扩张战略更接近投资金融项目，从而为恒大快速融资。

例如，2014年11月恒大地产以9.5亿港元收购杨受成旗下的新传媒74.99%的股份，目的是买壳上市。在这笔交易之前，杨受成的英皇国际收购了新传媒旗下的核心物业，恒大收购的新传媒其实只是一个“空壳”公司。收购完成后，恒大宣布将新传媒更名为恒大健康，进军医疗整形行业，将此前收购的韩国原辰整形外科医院整合进恒大健康。受此消息的刺激，恒大健康的股价从0.047港元/股上涨至2015年11月21日收盘的2.37港元/股。若按此计价，恒大原始投资9.5亿港元在一年时间上涨约50倍。

这还没结束。2020年7月恒大健康宣布更名为恒大汽车，健康业务变为新能源汽车业务。香港、内地众多企业家投资恒大汽车，恒大汽车股票从6月1日的6.35港元/股迅速暴涨到2021年2月15日的69港元/股，短短半年多涨了大约10倍。恒大汽车的市值甚至超过了其母公司恒大地产。

因此，恒大的多元化扩张业务更像一种以融资为目的的金融项目，给恒大提供源源不断的现金流（以套现或股权质押的方式变现）。表面上看，恒大的多元化扩张是经营性问题，但其诱发的偿付危机实际上是流动性危机——通过多元化投资金融项目来融资。

这种融资方式的终结或许是从深深房重组失败开始的。这事儿还得从“万宝之争”说起，当时恒大乘机以362亿元买入万科股票，成为万科第三大股东。后来，恒大以292亿元将万科股票转让给深圳地铁，表面上亏了70亿元，但是恒大获得了深圳国资房企深深房的“壳资源”。恒大试图借深深房的壳在A股上市，此后深深房进入漫长的停牌重组。

恒大经过三轮增资引入了中信、深业、苏宁、中融、山东高速等战略投资者，合计融资规模达1300亿元。恒大与战略投资者签署了对赌协议，如果未能如期重组上市，恒大需要原价回购股权。

2020年11月，恒大宣布深深房重组失败，上市计划告吹。接下来，恒大与战略投资者协商，1300亿元中有863亿元战略投资不要求回购继续持有恒大地产股权，其中包括苏宁投资的200亿元。这笔投资失败导致苏宁现金流断裂，或许是压垮苏宁的最后一根稻草。

为什么重组失败？

这或许与房地产政策有关。2020年8月，央行、住建部发布了房企融资的“三道红线”政策：剔除预收款后的资产负债率大于70%；净负债率大于100%；现金短债比小于1.0倍。踩中“三道红线”的房企，不得新增有息负债；每降低一档，有息负债规模增速上限增加5%。没踩红线的房企，有息负债年增幅也不得超过15%。这个政策相当于限制了房企的流动性，而当时恒大踩了这“三道红线”，无法新增有息负债。接着，央行和银保监会发布政策，对各类银行的房地产贷款比例设限。比如，六大国有大行的房地产贷款余额占比和个人住房贷款余额占比两个上限分别为40%和32.5%。可见，“三道红线”和银行五档限贷政策，相当于控制了房地产的现金流。

在此政策下，踩中“三道红线”、短期负债规模大、融资成本高的房企容易遭受流动性危机，而恒大正属于这类企业。更雪上加霜的是，流动性限制对恒大的金融项目融资造成了很大冲击，资本市场规避政策风险，恒大、万达、富力等房企A股上市梦碎。恒大重组深深房失败，标志着金融项目的融资方式失灵，这加剧了恒大的现金流危机。虽然这时恒大汽车的股价正一路高歌，但已是帝国的黄昏。

接下来，恒大不得已只能依靠出售资产来回流现金。许家印没能整体性出售资产（整体性出售失败），选择在全国各地打折卖房。这一轰轰烈烈的卖房运动触发了债务螺旋，公司信用崩溃，资产价格崩盘。恒大地产的股价从2020年10月的26港元下跌到2021年9月的2.5港元；恒大汽车从2020年4月的69港元跌到2021年9月的2.3港元。资产价格坍塌，股票市值缩水，金融融资枯竭，实际资产负债率反而增加，陷入越去杠杆、杠杆率越高的债务螺旋，这对于恒大来说是致命的。

所以，恒大偿付风险背后其实是流动性风险。

房地产是一个高杠杆、高负债行业，经营核心是流动性。中国大型房企剔除预收账款后的资产负债率普遍在70%左右，如保利66.24%、万科69.7%、融创76%、碧桂园77%、恒大81%。再看债务规模，恒大1.95万亿元、碧桂园1.76万亿元、万科1.52万亿元、绿地1.24万亿元。可以看出，任何一家大型房企突然失去了流动性都会陷入债务困境。当年王健林遭遇流动性危机就是果断整体性出售资产才得以自救。如果资产出售引发信用坍塌，触发债务螺旋，则会爆发偿付风险，而其根源则是流动性风险。

其实，恒大长期面临流动性风险的威胁，具体表现为融资成本高、短期负债比例大。恒大的融资成本在10%左右——高息是风险征兆，而保利、华润置地不到5%。恒大的现金短债比只有0.67，而保利1.93、华润置地2.27、碧桂园2.1、万科1.67。恒大借入大规模的高息短期贷款，以及不断启用金融项目融资，以推动资金高周转，一旦流动性危机爆发，高息短期贷款逼上门，金融项目陷入债务螺旋，就没有太多喘息空间。

02
个体性风险和系统性风险

恒大债务危机是否会引发系统性风险？

系统性风险包括房地产风险和银行风险。我们先看银行风险，恒大的银行借款涉及100多家银行，借款规模为2000多亿元，其中民生银行和农业银行的就超过200亿元。如果恒大破产，贷款违约，那么银行系统就要吃下这2000多亿元的不良贷款。仅就这一规模来说，不足以触发银行业的系统性风险，可能这两年陷入麻烦的民生银行的风险会大一些。但是，我们不能只考虑恒大一家房地产企业，而是要考虑整个房地产市场。房地产业的风险，一看大型房地产的债务风险，二看房地产价格。

恒大债务危机是流动性危机，是由房地产业的流动性不足引发的。同样陷入流动性困境的大型房企还有踩中“三道红线”的富力、华夏幸福、蓝光、泰禾，以及踩中两道红线的绿地、首开和华发。其中一些已出现债务违约，华夏幸福正在重组，富力的现金短债比只有0.55。

除了以上八家上市房企（包括恒大）外，多数上市房企都有一定的融资能力。其中，23家没有踩线，有息负债年增幅最多为15%；18家踩中一道红线，有息负债年增幅最多为10%。需要关注的指标是现金短债比，中海、华润置地、保利、世茂、龙湖越秀、龙光、建发、旭辉、正荣、碧桂园、建业都在2左右或以上水平。所以，“三道红线”对上市房企的流动性威胁应该不足以触发房地产系统性风险。

接下来，要看全国房地产的市场价格风险。恒大及一些大型房地产企业陷入债务危机，是否会引发全国房地产价格下跌?

2021年上半年，恒大打折甩卖各地楼盘，对一些城市主要是三四线城市的房价造成了冲击。不过，个别大型房企的债务问题或许不是影响未来一两年房地产价格走向的决定性因素（可能是触发因素）。在短期内，房地产的价格走向取决于信贷政策和调控政策。

针对房地产企业的“三道红线”和五档信贷政策实施后，房地产业的流动性下降，资产泡沫回缩。2022年，房地产投资、销售与新开工面积均出现下滑。1—8月份，全国房地产开发投资90809

亿元，同比下降7.4%；商品房销售面积87890万平方米，同比下降23.0%；房屋新开工面积85062万平方米，同比下降37.2%。[①]

在此背景下，三四线城市的房价下降的压力增加。三四线城市的房地产市场更偏向于居住需求，投资需求偏弱。而居住需求依靠家庭收入支撑，三四线城市的家庭收入提升相对缓慢。一线城市，主要是22个集中供地的重点城市，房价波动可能趋于稳中偏弱。房地产调控的主基调还是稳房价、稳地价、稳预期，防范系统性金融风险。在具体政策上，实施集中管控，2021年对22个重点城市实施集中供地政策。集中供地意味着集中供给，未来几年新增的一手房由少部分大型房地产企业供应。截止到2021年6月29日，全国22个重点城市首轮集中供地近9万亩、成交超1万亿元。哪些房地产企业在“攻城略地”？排在第一位的是融创，成交金额接近700亿元；其后依次是保利565亿元、招商蛇口521亿元、华润置地468亿元、万科378亿元、金地314亿元、绿城293亿元、越秀276亿元、建发272亿元、龙湖269亿元、中海239亿元。前20都不见恒大，碧桂园“屈居”第14位。

全国22个重点城市首轮集中供地呈现两个明显的特点：一是土地供给集中度提高，排在前10的房企成交总和接近40%，相当于掌控了全国22个重点大城市的主要土地及新房供应；二是央企和国企占比高，前10大竞拍者中除了融创和龙湖，其他8家均是央企和国企。

集中供地大幅度提高了土地拍卖的资金门槛，资金实力不足的中小型地产商被淘汰，而恒大、富力、碧桂园等大型民企受到“三

① 2022年1—8月份全国房地产开发投资下降7.4%[EB/OL]. 国家统计局，2022-09-16. http://www.stats.gov.cn/tjsj/zxfb/202209/t20220916_1888305.html.

道红线”政策的融资限制，没有充裕的资金或不敢加杠杆大规模拿地。再看49家上市房企的“三道红线”状况（截至2021年8月），表现最好的前4均是央企，在未踩中“三道红线”的23家绿档房企中，有11家是央企和国企；而“三道红线”均踩中的4家企业均为民企；剩下踩中一道、两道红线的22家企业中，只有4家是国企。换言之，在“三道红线”政策下，央企和国企的融资条件要好于大型民营房企。

由此可见，2020年实施的“三道红线”、银行五档限贷和2021年实施的22个重点城市集中供地政策，对房地产市场来说无疑是一次大洗牌。

2021年以来，房地产业加速分化，一边，恒大、华夏幸福、泰禾等民企频频债务违约、危机重重；另一边，保利、华润置地、招商蛇口等央企和国企逆势飞扬。

2021年上半年，46%的房企拿地销售比①在20%以下；35%的房企拿地销售比介于20%～40%；拿地销售比超过40%的多数为央企和国企，其中建发71%、越秀地产90%、保利99%。保利新增全口径土地储备位列行业第二，新增权益土地储备与新增货值则分别位列行业第三和第二。而且，保利多在珠三角、长三角、京津冀以及22个重点城市拓展土地。保利地产高层对外称，2021年保利发展计划中房地产及相关产业直接投资总额3950亿元——相较2020年的投资预算增长17.9%。

所以，当前恒大及个别房地产的债务危机并不是一场全房地产行业的危机，也不太可能引发系统性金融风险；它更接近房地产业

① 也称购地销售比，指房企购买土地支出的金额和合同销售金额的比例。

暴风骤雨般的一次大洗牌，洗牌的大趋势正是政府—央企—重点大城市房价与风险集中管控，房地产管控走向一条以防控金融风险为上限、地方债务风险为下限的窄路——稳房价、稳地价、稳预期，不发生系统性风险。“变中求稳”应该是当前房地产行业的基本面。

当然，这并不是说房地产是绝对安全的，毕竟全球宏观经济的不确定性愈加显著。中国房地产市场与商业银行风险、地方政府债务以及宏观经济稳定高度关联。可以说，房地产市场的安全系数取决于宏观经济的稳定系数。

03
明斯基时刻和沃尔克时刻

是否该拯救恒大？

不救，如何避免系统性风险？拯救，如何避免道德风险？

这让人容易联想到2008年的雷曼危局。当时，美国联邦政府和美联储前救了贝尔斯登、房地美、房利美，后救了美国国际集团、花旗银行等一众企业，唯独坐视雷曼破产。为什么？当时，财长保尔森和美联储主席伯南克在救助贝尔斯登、“两房”上引发了民众不满。他们担心，拯救走投无路的雷曼会触发道德风险，但也不愿意看到雷曼破产引发金融风险。于是，两位官员试图逼迫华尔街救助雷曼。当美国银行、英国巴克莱银行退出救助时，雷曼破产成为定局，同时还引发了金融海啸。

仅目前来看，恒大不是雷曼。雷曼破产引发金融危机的前提是次贷危机，即大规模的住房抵押贷款违约已是一触即发。雷曼持有大量住房抵押支持证券，随着房价猛跌，这一证券的崩溃击溃了美国金融大厦的基石。如今，中国房地产市场尚未出现住房贷款的违约，主要风险为房地产商的流动性危机。预计，恒大危机不会构成雷曼时刻或明斯基时刻。

还有一种说法是，不拯救恒大是向市场释放一种信号：放弃“大而不能倒”的幻想。1997年亚洲金融危机时，日本政府任由日本四大证券公司之一的山一证券和日本大型银行之一的北海道托殖银行破产。这两家大型金融机构的破产，终结了日本“护送船团方式”。所谓“护送船团方式”，就是不允许有发展过快或者破产的金融机构，即“大而不能倒”。第二年，日本成立了金融监管厅，加强了金融监管，约束财阀势力对金融机构的“绑架”。

从房地产业大洗牌的角度来看，拯救恒大并不是必选项。商业银行有容量自行化解恒大带来的风险敞口，各地方政府也可确保恒大房屋交付。

野村证券中国区首席经济学家陆挺在一份报告中将这一事件拔到国家经济决策的高度。他认为，事实可能会证明整顿房地产行业是“中国的沃尔克时刻”。[①]所谓“沃尔克时刻”，大致指的是在1979年保罗·沃尔克担任美联储主席后实施高度紧缩的货币政策，牺牲了短期经济增长和就业率，但成功地控制了通胀，为1980年代长期经济增长打下了基础。

如今，很多人意识到，高房价正在阻碍生育率、消费率的提升。而和陆挺抱有相似观点的人认为，政府整顿房地产、平抑房

---

① 于海荣.野村陆挺：此轮房地产调控不会轻易退出[EB/OL].财新网，2021-09-02. https：//economy.caixin.com/2021-09-02/101767392.html.

价、果断去泡沫，不惜牺牲短期经济增长，目的是释放内需，提升生育率，促进经济长期稳定增长。

当前，政府试图提升生育率和消费率，同时抑制房地产泡沫。不过，主动刺破房地产泡沫，与稳房价、稳地价、稳预期的调控政策不相符合。去除房地产泡沫是必要的，关键是采取什么方式。如果措施不当，可能会适得其反，而且并不是把房地产泡沫刺破了，经济就能够长期增长。

实际上，不管是沃尔克当年控制通胀，还是日本终结“护送船团方式”，促进经济恢复的方式均来自“破后再立”，其中的关键在于“立”——美国里根改革破除了干预政策，沃尔克以高度紧缩的货币政策重新建立了美元的信用；日本政府推行了“二战”以来最彻底的金融改革及司法改革，实施浮动汇率，开放金融市场，同时大力发展科学技术。

“沃尔克时刻”意味着从制度上改变当前的经济增长逻辑，是一种艰难的社会经济转型。因此就当前情况来说，恒大危机也不构成中国的“沃尔克时刻”。

如果上升到国家经济政策的高度去理解房地产，则需要识别当前房地产问题的实质。本质上来说，中国房地产问题是当前经济增长逻辑中的输入性通胀问题。

自2001年加入世界贸易组织后，中国出口大规模增加，在结汇制度下形成大量的外汇占款。基于外汇占款在国内投放了大量的货币和信贷，从2012年开始，信贷投放的第一大部门就是房地产。换言之，长期以来，源源不断的外汇输入，经过银行系统最终进入了房地产市场。这是一条货币发行、信贷流动的管道，也是中国经济的底层逻辑。

如果这个管道不改变，外汇输入越多，房地产市场通胀则越高。最近一年，“三道红线”、银行五档限贷、打击经营贷流入房地产等政策的出台，目的就是掐住这个源源不断地给房地产注资的管道。这就是当前的困境。

房地产市场的流动性被掐住后，我们面临一个难题：如何化解外汇输入性通胀？中国依然是世界制造大国，每年创汇规模巨大，外汇占款投放的货币规模依然不小。这一管道输出的货币流入哪个市场，哪个市场便面临通胀的压力。如果要从根本上解决这个问题，还是得从改革开放入手，需要从制度上改革原有经济增长逻辑，将原来的管道变成自由流通的海洋。近年来不断推动且加快人民币国际化进程也是为此。这才是中国的“沃尔克时刻”。

债务时代

从2009年到2021年，全球经济普遍走向低利率、低通胀、低增长、高福利、高货币、高债务。这被认为是“日本化”特征。

为何会如此？这一走势的出口在哪里？

货币制度的演变，理应成为观察全球经济衰退、萧条、动荡特征的重要视角。

人为配置货币，本质是一种计划经济、统制经济，不仅导致货币错配，引发泡沫危机，还扩大贫富差距。债务危机爆发后，“最后贷款人”出手相救，中断市场出清，又继续酝酿下一场危机。

债务危机不是出自个别、偶然的信用失守，而是当今世界货币问题酝酿的风暴。

债务危机成因：负利率与高杠杆

2016年，巴菲特坦言，负利率使他困惑，活了80多年也没想到会有负利率，称它是个“奇迹”。

如今，负利率已成大势所趋，欧洲各国纷纷加入负利率大军，开启负利率时代。

2021年，世界各国已有超过16万亿美元的负收益率国债，比利时、德国、法国和日本等国的10年期主权债券收益率都已经进入了负值区域。

对此，巴菲特的态度是保守的。他认为，负利率不一定是世界末日，只是希望自己能活得久一些，有更多的时间了解负利率。

曾经的美联储主席伯南克倒是乐观的。他认为，如果财政政策能够分担央行稳定经济的压力，负利率“完全可以是极为有益的”。

不过，银行圈、资本圈对负利率的看法普遍悲观。“负利率是毒药”“负利率是量化宽松的延续”“负利率预示着危机即将到来”，这类言论成为主流。

负利率是拯救经济的良药，还是反映出世界经济已到了“穷途末路”？

01
负利率 经济增长逼近极限

负利率无疑是反常识的。

我们先来看看世界是如何进入负利率时代的。

从20世纪80年代至今，欧美国家的整体利率水平呈现明显的递减趋势。

以美国为例。1979年，沃尔克担任美联储主席后大幅度提升联邦基金利率，最高时达20%。这一高度紧缩的政策，目的是抗击20世纪70年代持续不断的高通胀。

1982年，沃尔克强力抗通胀取得成效，通胀率快速下降。随后，美联储逐渐降低联邦基金利率。这轮宽松政策一直延续到了1987年沃尔克卸任前夕，利率最低降到6%附近。中间1984年拉美债务危机期间也采取过紧缩措施，但幅度小、时间短。

1987年，格林斯潘掌管美联储后着手加息。当时的利率水平处于较高的阶段，这轮紧缩周期加了3个多点，力度不算大，最高时利率也未到10%（利率最高上调至9.8125%），但引起老布什总统的不满。

老布什政府期间，经济比较低迷，1990年，老布什发动海湾战争时，格林斯潘开始降息，开启了大幅度降息潮，利率最低下降到3%多。老布什执政4年，货币政策一直处于宽松周期，利率共降了6个点左右。

1992年，克林顿提出“笨蛋，根本问题是经济”的口号，击败了老布什担任总统。1994年，格林斯潘开启了新一轮紧缩周期。这轮加息周期时间很短，力度有限，只加了2个多点（1994年2月至1995年2月，从3.25%加息至6%）。

克林顿执政8年期间，美国经济向好，就业率提升，政府赤字和通胀可控，利率水平比较稳定，维持在5%左右。

2000年，小布什接任美国总统，年底因投资过热爆发互联网危机，格林斯潘快速降息，在短短一年多时间里将联邦基金利率下降到1%附近，下降幅度约为4个点。市场迎来前所未有的大宽松。

2005年，格林斯潘意识到过度宽松带来的债务及资产泡沫风险，采取快速紧缩政策，联邦基金利率恢复到5%左右。随后，美国次贷危机爆发，此时，格林斯潘已卸任。

2008年，小布什执政最后一年，次贷危机直接引爆了全球金融危机。接任格林斯潘的伯南克领导美联储开启量化宽松，联邦基金利率快速降至零附近。

美联储连续推出四轮量化宽松货币政策，联邦基金利率目标区间长期处于0～0.25%的最低水平。美国这种接近零的利率维持了6年之久。

人类正式进入零利率（名义利率）时代。

零利率已违反了市场规律。世界上没有任何一种商品或服务可以零价格出售或出租，但货币如今以零价格出租，且规模供应。

这时，奥地利经济学派的观点发人深思：货币到底是不是一个商品？

市场上，所有的商品及服务都是私人契约创造的，唯有货币是公共市场契约创造的。作为公共契约，货币市场的供应及价格（利率、汇率）无法完全市场化，受货币当局的人为影响很大。

若货币是一种公共契约创造的商品，那么零利率的逻辑便是：

国家在做赔本的买卖，全民来承担亏损——通货膨胀或资产价格暴涨。

事实上，这轮零利率并未刺激经济上涨，反而导致美股、美债暴涨，房地产价格再度恢复。如此，零利率的成本并非由全民共担，金融大佬及富人的资产并未受到损失反而大赚，普通民众的购买力却变相缩水（相比资产价格）。

但是，在这轮宽松政策中，零利率还不是最令人困惑的，负利率刷新了我们的认知。

欧洲央行边际借贷便利利率从2008年7月的5.25%下调至2014年9月的0.3%，存款便利利率（商业银行存在欧元体系的隔夜利率）从3.25%下调至–0.2%，并于2015年进一步下调至–0.3%。

除欧元区外，瑞士、瑞典、丹麦三国也实施了负利率。其中，瑞士央行于2014年12月将瑞士法郎3月期Libor利率下调至–0.06%，正式加入“负利率大军”；2015年，瑞士央行基准利率基本维持在–0.85%～–0.72%。

早在2012年7月，面临欧债危机及国际资本大量涌入的压力，丹麦便决定开展负利率实验。2016年，丹麦央行存款利率为–0.65%。

日本央行从2010年开始将银行间无担保隔夜拆借利率尽量维持在0.05%～0.1%的极低水平，更是于2016年宣布将超额储备金利率设定在–0.1%。

实际上瑞典央行是第一家实施“负利率”的央行，从2009年7月开始负利率实验，将存款利率减至–0.25%，1年后才恢复为零水平。

2015年2月，瑞典正式开始实施负利率，将基准利率从零下调

至 –0.1%。

本轮负利率被普遍认为是针对全球量化宽松的补救措施。量化宽松并未促使资金流入实体，银行系统出现逆向选择，大量资金滞留在金融系统中。

欧洲央行及日本央行将商业银行在央行中的存款利率下调到负数，试图通过零利率刺激银行放贷，倒逼资金进入实体经济。丹麦及瑞士央行的零利率政策是跟进之举，目的是维持汇率稳定。

2015年12月开始，耶伦和鲍威尔接替执掌美联储后，开启了一轮新的紧缩周期。但是，这轮加息力度非常有限，只加了2.5个点。

2019年8月，美联储结束加息周期，宣布降息25个基点，联邦基金利率目标范围下调25个基点至2% ～2.25% 的水平。

受美联储降息刺激，早已不堪重负、在零利率上下挣扎的欧洲利率迅速转负。

目前，世界各国已有超过16万亿美元的负收益率国债，全球约1/3的主权债务存量的收益率为负，比利时、丹麦、德国、法国和日本等国的10年期主权债券收益率都已经进入了负值区域。其中，丹麦的第三大银行提供利率为 –0.5% 的10年期房贷。

格林斯潘认为，美国出现负利率只是时间问题。他说："现在几乎在世界各地都能看到负利率，在美国也将变得更多，这只是个时间问题。"

其实，负利率是宽松政策的延续，是货币政策"黔驴技穷"之表现。

2016年，日本政府推出负利率国债，结果日本央行直接认购。这实际上是央行直接释放流动性为政府财政融资，政府获得负利率贷款，债务负担降低。

负利率与财政赤字货币化相结合，是一种不计后果的宽松政策。

从整体趋势来看，最近四十年，不论是欧洲、日本，还是美国，利率水平都不断走低，最终走入负利率似乎是必然结果。

这是为什么？

可以看出，每一次降息幅度都要大于加息幅度，如此，利率便呈波浪式下行。以联邦基金利率为例，从1982年降息开始算起，几乎每一次降息幅度都比加息更大。

这种“强势降息、温和加息”政策，本质上是在饲养“经济巨婴”。

02 高杠杆 边际收益逼近极限

负利率无疑是违背经济规律的。

为什么紧缩周期时不干脆调高利率，避免走向负利率呢？如果每一次加息和降息的幅度差不多，利率就还有操作空间，不至于走向零利率和负利率。为什么美联储不这么干呢？

美联储的货币政策是依据通货膨胀率、失业率及金融稳定三个指标而制定（目标）的，而不是联邦政府的命令或其他宏观经济目标。

自沃尔克时代开始，美联储逐渐摆脱了白宫附庸的形象，市场威望骤升。后来，美联储经历了一系列改革，尤其是20世纪90年代的单一目标制的建立，使美联储的独立性大大增强。美联储主席及理事，基本上按照以上三大目标制定政策。

每当经济走弱，通缩显现，失业率上升，美联储则开启宽松政策，以刺激经济增长。

每当经济复苏，通胀显现，逼近充分就业，美联储则开启紧缩政策，以抑制经济过热。

但每次宽松周期的降息幅度都比紧缩周期的加息幅度大许多，因为降息总是皆大欢喜，加息则令人煎熬。美联储主席鲍威尔一次试图继续加息的尝试，遭受了各方面压力，包括特朗普的反对、美股崩盘、经济通缩等。

而美联储越降息，经济越是"虚胖"，越不敢加息，最终只能走向零利率，甚至是负利率。

这说明什么问题？

经济增长率持续走低。

事实上，最近40年，美国、欧洲正是在一次次加息中，经济增长率越来越低，并最终掉入低增长陷阱。

为什么？

货币刺激违背了经济规律——边际收益递减规律。所谓边际收益递减规律，即在技术水平不变的前提下，当某种生产要素的投入数量增加到一定程度以后，增加一单位该要素所带来的效益增加量是递减的。

比如，在技术水平不变的前提下，往功能手机领域投入越多资本，边际收益率越低，甚至会因产能过剩而亏损。

在一国技术水平没有大幅度提高的前提下，央行推行宽松政策，大量超发货币，其结果必然是边际收益率持续下降，经济增长率持续走低。

具体来说有以下两种表现：

一是大量资金进入实体经济，短时间内产能迅速上涨，带动经济增长，但很快就会陷入产能过剩的陷阱。

由于技术未革新，大量的重复生产导致边际收益率下降，大量资金退出。央行进一步下调利率，但资本滞留在金融市场打转，不再进入实体。

二是大量资金进入房地产、股票及债务等金融市场，资产价格、房价暴涨，金融异常繁荣，看似形势一片大好。

这种资产价格虚高，其实是一种货币现象。

金融价格持续走高，而实体经济的边际收益率持续下降，二者南辕北辙。每一轮宽松周期都在降低实体经济的边际收益率，每一轮紧缩周期都在小心翼翼地呵护金融泡沫。如此，货币政策越往前走，经济风险越大。

一旦利率市场有风吹草动，或外溢性风险侵入，金融资产立即崩盘，进而本已脆弱不堪的实体经济全面崩溃。

这时，第一张倒下的多米诺骨牌一般都是债务市场（外溢性风险则先发于外汇市场）。

为什么会是债务市场？

因为每一轮强势降息都在加杠杆，每一轮温和加息都在呵护杠杆。如此，一轮一轮过后，经济杠杆率逼近极限。

所以，在宽松周期时，即使是零利率、负利率，实体企业也已经消耗完信用额度，无力再贷款（银行逆向选择，也不愿意放贷）。

因为每一轮强势降息都在降低边际收益率，每一轮温和加息都在干扰市场淘汰机制。如此，一轮一轮过后，边际收益率已经非常低。

所以，在紧缩周期时，银行稍微提高利率，如此之低的收益率就消失了，企业就会亏损，债务负担加重，甚至爆发债务危机；或者银行抽贷，脆弱的资金链断裂，企业倒闭，债务危机爆发。

从20世纪80年代开始，每一轮宽松周期都大幅度提高了美国的债务率。2000年，为了应对互联网泡沫危机、拯救美国经济，格林斯潘大幅度下调利率。

同时，小布什政府提出“住房再造美国梦”计划，房地美、房利美借着低利率大量发放房贷，雷曼、美国国际集团等金融巨头则买入大量的基于房产证券的衍生品。

在2007年之前，美国房价暴涨，金融异常繁荣。但是，格林斯潘在2005年开始大幅度加息，加了4个点——相当于2000年紧缩周期的降息幅度。

这是唯一一次加息幅度等于上次降息幅度的紧缩操作，就引爆了美国历史上最严重的一次次贷危机。

这就是“强势加息、温和降息”的原因——货币超发导致边际收益率递减，债务率走高，货币紧缩则容易造成债务市场的崩溃。

但是，金融危机爆发后，美联储实施量化宽松，美国公共债务与GDP的比值再次大幅上升，在2018年达到78%，远高于过去50年的平均值41%。

如此，边际收益率更低，债务规模更大，资金链更加脆弱，美股资产泡沫更加严重。这就限制了美联储继续加息——只上调了

250个基点[①]就降息。

2019年开启新一轮宽松周期，美联储的操作空间非常有限，理论上只有250个基点的降息空间。换言之，美联储已陷入“无米之炊”的窘境，除非实行负利率和大规模量化宽松政策。

负利率实际上是极端的宽松政策，违背经济规律的刺激政策。负利率实施越久，债务规模越大，债务风险越大，经济越脆弱。

负利率刺激的是“劣质需求”。

在信贷市场上，有两类企业银行不敢轻易对其放贷：

一种是可以接受极高利率的企业——出现资金链危机，急需资金输血，不惜向高利贷借款。

另一种是只能接受极低利率，甚至是零利率的企业——说明盈利能力极差，无法承受高利率。

在负利率下，只能接受负利率的企业，其收益率已逼近零。这种企业其实是劣质企业，应该被市场淘汰；这种贷款需求是劣质的需求，属于次级贷款。如今用负利率供养他们，实际上违背市场规律而饲养“巨婴”。

一旦利率提高，乃至转正，这类企业就可能会亏损，引发债务危机。这类次贷越多，利率政策、货币政策越被牵制，稍微提高利率或紧缩货币，就会立即爆发债务危机。

货币超发能够缓解一时之痛，但无法回避边际收益递减规律的惩罚。

负利率，至少可以说明这几个问题：

第一，央行货币政策已经“黔驴技穷”，利率操作空间很小；

---

① 基点是指衡量债券利率变动的最小计量单位，1个基点等于0.01%。美联储宣布将利率上调250个基点时，也就等于上升了2.5个百分点。

第二，经济增长极度依赖货币宽松政策；

第三，边际收益率已极度低迷，负债率极高，经济极为脆弱。

如此，距离经济危机还有多远？

03
假公利　公共利益扭曲市场

巴菲特说："你去看看亚当·斯密的书，看看凯恩斯的书，看看任何人的书，你根本找不到任何一本书写过关于长时间实行零利率的只言片语，这简直就是一个奇迹，从来没有人设想过会发生这样的情况。"①

负利率确实超过了当年经济学家的预期。

经济学家弗里德曼在20世纪60年代出版的《价格理论》中曾经论述过负利率。

弗里德曼认为，负利率只存在于自然经济中，相当于财产所有者缴纳的委托保管费，其前提是，财产所有者必须有其他收入，能够支付得起这笔保管费。

在现实的货币经济中，弗里德曼否定了负利率的存在。

为什么利率不可能为负？

当利率逐渐下降时，价格机制就会发挥作用，信贷需求扩大；当利率下降到接近零时，信贷需求会大幅度增加，从而推动利率上

---

① 巴菲特坦言：我没料到全球负利率 它是"奇迹"[EB/OL]. 凤凰财经，2016-04-30. https://finance.ifeng.com/a/20160430/14357168_0.shtml.

涨，经济走向景气。这是最基本的供求定律。

如今，利率为什么跌为负数？是不是市场失灵、价格机制失效？

我们可以推演一下长期负利率会导致什么结果。

负利率意味着放贷方的损失，这一损失的直接承担者便是商业银行。

据英国经济分析机构凯投宏观的预测，在欧洲目前实行负利率的四个经济体（瑞士、丹麦、瑞典和欧元区）中，负利率实际每年给该地区银行带来的新增成本约为45亿美元，其中利率最低的瑞士银行业承压最明显。

负利率直接造成银行盈利水平下降。以欧洲为例，2015年第四季度欧洲大型银行的财报显示，15家大银行中亏损的有6家，利润下降的有9家，而2016年以来这些银行的股价悉数下跌，跌幅远大于同期欧洲主要股指的跌幅。

负利率促使投资组合发生转变，越来越多资金从储蓄银行转向投资银行，投向股票及风险更高的金融资产。这种情况将恶化商业银行的资产负债表，冲击银行风控体系，同时加剧金融市场的资产泡沫。

若银行发生危机，或资产价格崩盘，或债务危机爆发，最终谁为此买单？

参考2007年次贷危机及之后的金融危机，央行以“最后贷款人”的身份站出来为美国国际集团、高盛、房地美、房利美、花旗银行等金融巨头兜底，同时实施大规模的量化宽松。

央行是问题的产生方，最终也是解决方，只是用了制造问题的方式来解决问题。

央行发行法定货币是一种公共契约，实行宽松货币救市是执行公共契约，目的是实现公共利益。

但实际上，市场中并不存在“公共契约”，也不存在“公共利益”，只有私人企业与私人利益。

经济学各流派都承认以自利为原则的市场法则，凯恩斯也承认这一点。在自由市场中，每个人都按照自我利益最大化的原则做出经济选择，基于私人产权从事交易，每一个契约都是私人契约。

若市场交易中，按照他人的利益或公共利益行事，执行的是公共契约，这种交易的结果定然是福利损失，因为这是违背人性、违背规律、破坏交易公平及自由的行为。

债务危机爆发后，央行以“最后贷款人”的身份，打着“公共利益”的旗号，为金融巨头兜底。这一行为实际上是以人为的方式破坏了市场的供给、价格、奖励及惩罚机制。

经济危机爆发并不是市场失灵，恰恰是市场的“报复”。

市场以快速紧缩、强力去杠杆的方式，让做出错误决策的金融巨头及交易者接受惩罚，同时也在变相奖励做出正确决策的交易者，尽管这部分交易者这时属于少数派。

若央行出手救市，破坏了市场的货币供给及价格，实际上是在免除对那些犯了错误的交易者的惩罚，对于做出正确决策的交易者来说是极为不公平的。

这就是市场交易中的公共利益悖论。

经济危机发生时大多数人利益受损，但若此时按照大多数人的意愿做出货币宽松决策，无疑是饮鸩止渴。通往奴役之路的恰恰是这种非理性的善良、违背规律的仁慈以及多数人的期待。

但若不按照大多数人的意愿，应该遵循什么原则？

可惜的是，货币并不是私人契约，而是公共契约。货币市场的供给及价格不是由天道法则（自由的市场竞争）决定的，而是由人来决定的。

从哲学角度来看，万物总有“阿喀琉斯之踵”。市场交易中，所有的商品都是私人契约，所有的行为都是私人利益，唯有货币是公共契约、公共利益，其恰恰成了市场的“阿喀琉斯之踵”。

经济学家一直在探讨一种机制，让货币这一公共契约自发地脱胎于自由市场，而不是由人控制。

不喜欢中央集权的美国人曾两次否决了中央银行。但是，面对持续不断的银行危机，美国人还是决定成立中央银行。美国政治家将美联储划分为多个机构，权力极为分散且相互制衡。

但是，美联储依然遵循的是英国经济学家白芝浩的“最后贷款人”原则。符合“最后贷款人”原则，这也是当年伯南克为其量化宽松辩解的最主要依据。

20世纪50年代，美联储主席马丁将美联储从联邦财政部中独立出来。70年代，弗里德曼在理论上致力于推崇美联储的独立，沃尔克则在行动上树立了美联储的威望。

美联储的机制将货币这一公共决策权交给社会精英，希望美联储主席及理事按照学术原则——接近天道原则，做出科学的货币政策，而非屈从于白宫、华尔街、任何利益集团以及多数人原则。

美联储主席鲍威尔在2019年8月宣布降息时承受着巨大的压力。沃尔克、格林斯潘、伯南克、耶伦四位美联储前主席发表署名公开信：

“我们一致坚信，为了经济利益最大化，美联储及其主席必须被允许独立行动，不受短期政治压力的影响，尤其是美联储官员不会因为政治原因而受到撤职或降职的威胁。”

曾经的贝壳、铁钉、黄金、金本位货币，以及哈耶克的货币非国家化、中本聪的比特币、Facebook的天秤币，都是货币摆脱“公共契约”“公共利益”的探索。

但“天道法则”未降临货币领域之前，只有独立的央行机制才能最大限度地降低“公共契约”对市场的扭曲。

参考文献

[1] 吉言.巴菲特：负利率彻底把我整蒙了 不赞同伊坎警告[EB/OL].新浪财经，2016-04-29.http：//finance.sina.com.cn/stock/usstock/c/2016-04-29/doc-ifxrtzte9825372.shtml.

[2] 米尔顿 · 弗里德曼.价格理论[M].蔡继明，苏俊霞，译.北京：华夏出版社，2011.

结构性分析：通胀与通缩

当今世界，货币及财政持续扩张，贫富差距持续扩大——廉价货币追涨金融资产，资本市场通胀，高收入者金融资产通胀；资本市场通胀挤压消费与实体投资，低收入者有效需求不足，消费市场通缩，低收入者工资收入通缩。

由此造成世界经济在2008年到2020年间的结构性通胀问题。

本节以贫富差距为切入点，探索世界经济结构性通胀问题之底层逻辑。

01
贫富差距　通货膨胀VS通货紧缩

通胀，还是通缩？

仔细研究这个问题，可以带我们透视当前经济的症结。

2020年第一季度，新冠肺炎疫情影响了供给端，形成了一波物价上涨脉冲，1月和2月物价一度突破5%，构成短期滞胀。所幸，疫情在国内快速被控制，4月份逐渐复工复产，物资供应逐渐跟上，

CPI回落到3.3%。

美国劳工部最新公布的数据显示，2020年4月美国消费者价格指数持续下跌至0.3%，3月是1.5%。于是，很多经济学家担心中国甚至全球经济正在陷入通缩。

不少人感到奇怪，中国、美国、日本等国家，在2008年金融危机后都发行了大规模的货币，为什么没有爆发通货膨胀？

疫情期间，美联储将联邦基金利率降到零，货币闸门大开。2020年3—6月，美联储资产负债表扩大了3万亿美元，其规模升至7.03万亿美元。货币超发为何没有引发通胀，经济反而陷入通缩？

休谟、萨伊、穆勒、马歇尔、弗里德曼等经济学家都主张货币中性，即货币供应量增加定然导致价格上涨。

弗里德曼考察了美国1867—1960年货币供给与通货膨胀之间的关系，得出的结论是："通货膨胀在任何时候，任何地方都是货币现象。"根据费雪方程式，国民收入水平和货币流速不变，货币供应量决定了价格水平，货币越多，价格越涨。

通胀是过多的货币追逐过少的商品。但是这里需厘清两个问题：

一是不管是弗里德曼的货币数量论还是费雪方程式都基于长期研究，货币流速在长期保持不变，但是短期内可能发生剧烈变化。

比如，2020年3月美股暴跌引发流动性危机，投资者纷纷"窖藏"美元，改变了美元的流速，导致全球资本市场美元奇缺。这就是凯恩斯所说的流动性陷阱[①]。

---

① 流动性陷阱是凯恩斯提出的一种假说，指当一定时期的利率水平降低到不能再低时，人们就会产生利率上升而债券价格下降的预期，货币需求弹性就会变得无限大，即无论增加多少货币，都会被人们储存起来。出现流动性陷阱时，再宽松的货币政策也无法改变市场利率，使得货币政策失效。

于是，美联储通过量化宽松直接向资本市场补充美元，市场上出现了更多的货币。短期来说，即使货币发行量增加，市场依然可能陷入通缩。

二是即使陷入通缩，也不能否定货币中性理论。

因为通胀或通缩通常以消费价格指数为标准，但消费价格指数不能反映整体价格水平。物价下跌，但是房价、股价可能上涨，这说明货币发行量增加推动了价格上涨。

3月美联储救市以来，道琼斯指数触底反弹，从最低点的18591逐步回升，到5月27日已上涨到25548。纳斯达克指数更是呈“V形”反弹，从最低的6631拉升到5月27日的9412，与暴跌之前的最高点9838近在咫尺。

可见，市场并非水平的，过多的货币流入市场不一定会导致价格整体上涨；不同的货币传导机制及信贷投放方向，影响了局部价格的变化。

与休谟同期的经济学家、金融家理查德·坎蒂隆在其唯一的著作《商业性质概论》中提出货币流通的非均衡性：“货币增量并不会同一时间反映在所有的价格上，货币量增加会导致不同商品和要素价格涨幅程度不一致。货币增加对经济的影响，取决于货币注入的方式、渠道以及谁是新增货币的持有者。”这就是“坎蒂隆效应”。

从2009年到2018年，中国广义货币增加了120多万亿元。其中一部分货币以信贷投放的方式流向房地产市场，房价持续上涨。

同期，美国货币增发方式主要是量化宽松而非信贷扩张，美联储直接在债券市场上购买国债及住宅抵押债券，直接推动债市规模扩张及股票价格上涨。

如果货币可以自由流通，定然会根据收益率、风险及效用而自动调节。比如，信贷货币投放到房地产中，当房价上涨到一定程度，有些投资者考虑风险可能会将资金配置在股票上，然后推动股票价格上涨。

但是，如果人为制造的市场“洼地”“高墙”，阻碍货币流通，货币难以得到充分配置，不仅局部“高温不退”，还可能导致“冰火两重天”，即货币扩张导致通胀与通缩同时存在。

奥地利学派经济学家米塞斯提出，信贷扩张可能引发通货紧缩。在他看来，信贷如果向生产性领域扩张，很容易引起商品供给过剩，从而导致物价下降。这样，货币扩张带来的就是通缩而非通胀。如果扩张货币长期流向金融市场，可能引发金融市场的通胀。

可见，量化宽松及信贷分配倾斜的问题（非市场化）很可能导致有效需求不足，引发经济衰退。

美国的信贷及金融市场发达，商业银行的信贷配给主要由价格决定，因此主要问题出在美联储的基础货币投放上。

美联储垄断货币发行权，人为配置基础货币，主导基础货币的投放，造成了市场扭曲。

比如，2008年的金融危机和2020年3月份的股灾，商业银行考虑市场风险减少信贷发放，市场陷入流动性危机，美联储则直接绕过商业银行向市场主体提供贷款，同时直接在债券市场中购买国债和住房抵押贷款债券。美联储直接向金融市场输血，债券市场规模膨胀，股市反弹逆势上涨。

与金融市场的“纸醉金迷”相比，消费市场上资金有限，导致有效需求不足。从2008年到2014年，美联储持续扩张资产负债表规模，担心市场陷入通缩。

与美国不同的是，中国的货币扩张主要依赖信贷扩张。但是，因利率市场化程度不够，信贷配给并非完全由价格决定，信贷分配倾斜是有效需求不足的主要原因。比如，信贷分配向房地产倾斜导致房价持续上涨，房价上涨挤出消费，导致有效需求不足，消费市场缺少动力。

贫富差距扩大又进一步导致有效需求不足，加重市场通缩和经济衰退。

贫富差距扩大是理解当今经济问题的关键切入点。

在大萧条期间，凯恩斯从有效需求不足的角度探索经济萧条。他的角度是对的，但是成因搞错了。凯恩斯认为，边际消费倾向递减、资本边际效率递减、流动性偏好（三大定律）造成有效需求不足。弗里德曼则论证了他在有效需求成因方面的错误。

其实，造成有效需求不足的原因是贫富差距过大。大萧条前，美国的贫富差距达到峰值，富人占有绝大部分财富，并将其配置在投资品上，穷人则没有消费能力，导致资本市场膨胀，消费市场则因有效需求不足而低迷。

大萧条后，美国实施福利政策，加大转移支付，贫富差距逐渐缩小。但是，从20世纪80年代开始，投资银行及跨国公司崛起，金融资产价格持续膨胀，贫富差距再次扩大。如今美国贫富差距日渐接近大萧条前期的峰值。

为什么？

从格林斯潘开始，美联储实施“不对称操作”，持续下调利率，低利率、松货币相当于给富人提供更加廉价的筹码，大量货币流入资本市场推高了金融资产价格，使富人的财富膨胀。2008年金融危机后，美联储直接给金融市场输血，进一步加剧了贫富差距。

所以，贫富差距是市场失灵的关键性因素。不合理的货币政策导致贫富差距扩大，进而导致社会撕裂、市场割裂，经济“冰火两重天”：穷人有效需求不足，消费市场低迷，实体经济通缩；富人融资成本低，过多的货币追涨金融资产，资本市场通胀。

受疫情冲击，家庭收入下降，消费信心受挫，经济陷入一种恶性循环（底层逻辑）：

货币扩张—量化宽松、信贷非市场化配给—资本市场通胀—贫富差距扩大—有效需求不足—消费市场通缩—经济衰退、萧条—货币扩张……

货币越多，越是积重难返。

02
美债悖论　功能财政VS平衡财政

需要注意的是，贫富差距是理解问题的视角，但其本身不是问题所在。贫富差距是市场的副产品，只要存在自由竞争就会存在贫富差距。

贫富差距多大是大，多小是小，这并不重要。重要的是，杜绝人为地制造、扩大贫富差距，或者搞平均主义。

针对当前的经济困境，应减少人为扩大贫富差距的手段，如量化宽松、信贷配给失衡，提升中低阶层的收入，提高其消费能力，增加有效需求，财政政策需要更加“有为”。

很多人可能会想到财政投资，但财政投资反而加剧了贫富差距和有效需求不足。

财政投资是一种功能财政，不惜增加财政赤字以加大投资，提升有效需求。功能财政容易将政府变为营利性机构，与市场争利。

如今的问题已经非常明朗，中低阶层收入不足，导致有效需求不足。如果政府财政部门有钱，应直接将钱发给低收入者，以弥补人为导致的有效需求不足。

很多人担心这些人把钱存起来不消费。钱发到每个人手上，每个人自由支配这笔钱，这钱才能“用到刀刃上”，社会福利才能最大化。

政府需要建立社会福利体系，长期通过转移支付使财政向中低收入者倾斜，才能缩小贫富差距，解决有效需求不足的问题，如此经济才能正常运转。

在美国，每一次金融危机都会引发一场民粹运动，为了满足选民需求，美国总统都会扩张财政增加民生支出。

以2018年的联邦政府支出为例。联邦政府支出4.15万亿美元，比收入3.31万亿美元高不少。其中，医疗1.11万亿美元，社保9980亿美元，失业困难救济2970亿美元，联邦养老金2650亿美元，合起来2.67万亿美元，占财政总支出的65%。

新冠肺炎疫情期间，美国政府和美联储启动了兜底式的应灾模式。在2万亿美元的财政刺激计划中，5600亿美元是直接补贴给家庭与个人的现金，占美国GDP的2.9%。合计年收入不超过15万美元的夫妇可获得2400美元，每个孩子还可额外获得500美元。

但是，为低收入家庭兜底式的财政政策，为保障民生的财政政策，反而扩大了贫富差距。

斯坦福大学的调研数据显示，美国的中产阶级在2008年金融危机里损失惨重，大约损失了总财产的四分之一。2008—2018年，中产阶级财富在减少，低收入者的财富增长缓慢，而富人群体的财富却在快速增加。

瑞银和普华永道亿万富翁报告的数据显示，全球亿万富翁的财富已从2009年的3.4万亿美元增至2017年的8.9万亿美元；而美国家庭财富中位数却停滞不前。

美国经济政策研究所2018年的一份报告显示，美国大型企业CEO们的薪酬现在是普通员工年平均薪酬的312倍，而2009年为200倍，1989年为58倍，1965年为20倍。

这是为什么？

主要原因是财政资金的来源方式出了问题，即“国库通了银库”（有些国家则是分配制度出了问题）。

前段时间争议大的财政赤字货币化，简单理解就是“国库通银库”。这种做法，其实是违背经济学规律的。

财政收入主要来源于税收，如果入不敷出，财政可以向市场借钱，但借钱也是以税收收入为担保的，政府的信用不可能无限度透支。

财政赤字货币化，相当于把包袱甩给了央行，但是央行印钱也不是无限的，也需要抵押资产做背书，更重要的是需维持货币价格稳定。

在信用货币时代，央行的抵押资产通常是黄金、国债、证券及外汇。中国人民银行最主要的抵押资产是外汇，外汇占比在2013年12月峰值时达到83.29%。2020年3月，央行的外汇资产依然达到21.2万亿元人民币，占比为58%。人民币的直接信用是由外汇（主要是美元）支撑的。

美元又是用什么支撑呢?

美联储最主要的资产是美国国债。为了应对新冠肺炎疫情冲击，2020年美联储开启无限量化宽松。截至2020年5月初，美联储资产负债表规模升至6.77万亿美元，比2019年初扩大了2.8万亿美元。其中，国债规模达3.91万亿美元，占比为57.75%。

有些人担心，美国国债规模太大，超过财政支付能力。但是，美国国债并不是以税收收入为担保发行的，而是以美元为担保发行的。美联储是美国国债最大的持有者，为国债兜底。这样美元与国债之间就形成一个悖论：美元以国债为抵押发行，国债又以美元为兜底发行（空对空）。

美国国债扩张的同时，美元也在扩张。美元扩张带来的低利率及国债、住房抵押债券的繁荣，推高了股票、房地产等金融资产的价格，从而增加了富人的财富；金融泡沫对实体经济及消费造成挤出效应，实体经济通缩，穷人实际收入下降。如此，积极的财政政策反而加剧了贫富差距，进一步导致有效需求不足和资产价格膨胀。

我们再结合第一部分，加入财政政策深化这一“底层逻辑”：

财政政策和货币政策扩张—资本市场通胀—贫富差距扩大—有效需求不足—消费市场通缩—经济衰退、萧条……

结果，穷人通缩：货币贬值，实际收入下降，失业降薪，消费萎缩；富人通胀：房价上涨，金融资产价格膨胀。

03
底层逻辑 穷人通缩VS富人通胀

当今世界经济的问题，是被错误的财政政策和货币政策反复折腾的结果。

从2009年到2021年，世界经济基本上形成了“低通胀、低增长、低利率、高泡沫、高债务”的局面。财政扩张和货币扩张扩大了贫富差距，穷人倾向于消费，但收入不足；富人倾向于投资，将大部分收入用于投资。财政和货币持续扩张，利率越低，富人资金越充足，投资越多，但占人口大多数的中低收入者没有足够的消费能力，导致投资过剩、产能过剩和低通胀。富人将资金配置从实体转移到金融资产，推动房地产价格上涨，形成高资产泡沫。高资产泡沫，如高房价，挤出了中低收入者的消费，进一步使经济通缩并拉低增长，同时增加了债务规模（房贷）。

贫富差距扩大是理解这种经济局面的关键切入点。主流经济学，主要是指20世纪70年代后兴起的新自由主义，很难解释贫富差距持续扩大，甚至很多人认为，新自由主义的经济政策是贫富差距扩大的根源。

从历史数据来看，大萧条后到20世纪70年代，凯恩斯主义统治的时代，美国的贫富差距其实是逐渐缩小的。从80年代里根改革开始，美国的贫富差距持续扩大，其中最主要的推动力是金融资产价格膨胀。金融自由化、持续下行的利率是金融资产价格膨胀的直接动力。

新自由主义没有办法解释或解决凯恩斯提出的有效需求不足的

问题，更准确地说是马克思提出的贫富差距的问题。

2008年金融危机后，美国民粹主义崛起，贫富差距成为突出的社会问题。2014年，法国经济学家托马斯·皮凯蒂出版了《21世纪资本论》。他使用18世纪至今的财富分配数据，论证自由市场导致财富不平等。皮凯蒂主要从分配制度角度提出解决方案，忽略了财政与货币“串通”的问题。

民主党人桑德斯自称是“社会主义者”，他在2016年的竞选演讲中称：“贪婪、无情、无法无天的华尔街主宰着美国经济”，“我们必须告诉超级富豪阶级和那1%的富人，在这个极度不平等的社会上，他们不能霸占一切”。

但是，桑德斯作为政治家只是擅长鼓动人心，而沃伦·莫斯勒、威廉·米切尔、兰德尔·雷等开创的现代货币理论可谓“杀人诛心”。

金融危机后，现代货币理论在争议中崛起，代表作有《宏观经济学》《现代货币理论》等作品，桑德斯正是这一理论的支持者。

现代货币理论是凯恩斯主义在货币政策上的应用。凯恩斯当年考虑到流动性陷阱和平衡财政，弱化了货币政策。而现代货币理论直接将货币与财政打通，通过财政赤字货币化化解危机。莫斯勒认为：“再严重的金融危机，也可以通过大规模财政救助来解决。”

为什么桑德斯及底层人士对现代货币理论感兴趣？

底层人士渴望通过财政赤字货币化来提高社会福利，桑德斯等政客则以此来讨好选民、购买选票。对于美国民众来说，财政赤字货币化本质上是向全民征税来补贴穷人。

现代货币理论支持的财政赤字货币化有前提，那就是通胀率、汇率保持稳定。2008年至2020年，美联储持续两次大规模扩张美元，联邦政府持续扩张国债，但美国没有出现通胀，甚至存在通缩风险。

因此，很多人认为，现代货币理论其实是成立的，弗里德曼时代的货币中性破产了。

其实，现代货币理论只适用于美国、日本等极少数国家。世界上大多数国家都无法在大规模印钞的同时，还能保持稳定的通胀率和汇率。

与多数国家的货币不同，美元是“世界货币”。根据国际货币基金组织的数据，截至2020年第二季度，全球外汇储备为10.5万亿美元左右，其中美元储备就高达6.55万亿美元，占全球外汇储备的比重达到了62.25%。同时，美元占据了全球支付市场的40%，全球商品定价系统中90%以上是以美元计价。

当危机爆发时，全世界都在抢购美元避险。美联储需要向他国央行、全球金融市场及联邦政府“印钞”。美元在金融危机中不但不会下跌，还可能上涨。低通胀和强美元支持美联储扩张货币。

但是，现代货币理论同样忽略了贫富差距问题。财政赤字货币化的结果反而扩大了贫富差距。这是为什么？

关键在于美元与国债之间的悖论。国债扩张本应以财政收入为担保，而不是以美元为担保。如果美国政府谨守财政纪律，国债以税收收入为抵押发行，美元以可靠的国债为抵押发行，美元和国债的信用都会非常牢固。

但问题在于，美元并不仅仅是美国人的美元，而是全世界的美元。

当今世界的货币体系：美元以国债为抵押发行，国债又以美元为兜底发行；他国央行，如中国央行、日本央行又以外汇资产（主要是美元）为抵押发行本币。他国央行通常会动用美元购买美国国债；他国政府的财政直接或间接地从央行手中获取融资。

当经济衰退或爆发金融危机时，市场渴望美元，他国央行渴望美元，美国政府财政部渴望美元。美联储只能降低利率，甚至直接采购国债，为全球市场、他国央行及美国财政部提供流动性。

为了向全球供应美元，美联储不得不寻求更多可靠的抵押资产，自然也希望有足够的美国国债来支持其发行货币。

但是，信用货币发行是需要成本的。法定货币是一个国家的民众为解决交易流动性而确立的公共契约。为了履行契约，维持货币稳定，法定货币必须有可靠的抵押资产。抵押资产就是货币的成本。美元的抵押资产主要是国债，国债利息就是美国人为美元支付的成本。

他国央行及全球市场大规模使用美元，这意味着美国人需要为此支付大规模的国债利息。但是，美国政府只想为自己的国民使用美元支付成本，不想为他国央行及民众使用美元支付成本。最终，美国政府与美联储在博弈中联合，通过稀释美元向全球收取铸币税来分摊美元使用费用。

所以，这个问题的实质是，谁为美元支付使用费用。根本上来说，当今世界的核心问题是经济全球化与财政主权化、货币国家化之间的矛盾。

最后，笔者整理一下世界经济问题之“底层逻辑”：

经济全球化与财政主权化、货币国家化之矛盾—美元使用费用之矛盾—美元与国债悖论—国库通银库—货币政策与财政政策扩张—资本市场通胀—贫富差距扩大—有效需求不足—消费市场通缩—经济衰退、萧条……形成了“低通胀、低增长、低利率、高泡沫、高债务”之经济格局。

“末日博士”鲁比尼提出，当今世界面临着15个难题（以D开头），其中9个难题都在这一逻辑之内，它们分别是：

Deficit（赤字）、Debt（债务）、Default（违约）、Deflation（通缩）、Devaluation（货币贬值）、Deglobalization（逆全球化）、Democracy Dilemma（民主化悖论）、Sino-Decoupling（中美脱钩）、Diplomatic Dispute（外交争端）。

参考文献

理查德 · 坎蒂隆.商业性质概论[M].余永定，译.北京：商务印书馆，1997.

全球经济正加速日本化

2016年，美国《华盛顿邮报》专栏作家马特·奥布莱恩发表了题为《世界经济正在日本化》的文章。奥布莱恩发现："不管是在美国还是在其他国家，世界经济正转向日本模式。"

所谓"日本化"，可以概括为"三低三高"并存的经济常态：低利率、低通胀、低增长，高福利、高货币、高债务。

此后，全球经济"日本化"现象日渐明显。

2019年9月，美国前财长拉里·萨默斯指出："现在对欧洲和日本可靠的市场预期使它们陷入货币经济学的'黑洞'，即利率困在零的水平动弹不得。收益率保持为零或负值可能将持续一代人的时间，美国距离加入它们只有一次衰退之遥。"

仅仅三个月后，2020年新冠肺炎疫情重创全球经济，欧美政府"兜底式"救灾救市，美联储将联邦基金利率下调至零，直接采购债券ETF[①]。

很多人说，平成时代的三十年是日本"失去的三十年"。当前，全球经济正加速"日本化"，这是否意味着将来如桥水分析师所言

---

① ETF一般指交易型开放式指数基金（Exchange Traded Fund，ETF），是一种在交易所上市交易的、基金份额可变的开放式基金。债券ETF是指以债券指数为跟踪标的的ETF。

可能“失去十年”[①]，抑或更久？

本节以“日本化”为切入点，加入社会福利政策（公共用品），探索全球经济的问题、成因及方向。

01 全球经济日本化

过去三十年，日本经济走向了“低利率、低通胀、低增长，高福利、高货币、高债务”之困境。

这成为当今宏观经济学的一大谜题。

我们先从1990年说起。1990年是日本经济的拐点，当时有两大趋势：一是日本泡沫经济崩溃；二是日本劳动人口增长进入拐点。

人们普遍认为，泡沫经济崩溃是日本“消失三十年”的直接原因；日本生育率低迷、老龄化加剧则是深层次原因。

经济泡沫崩溃后，房价、股价暴跌，日本经济陷入持续通缩。1997年亚洲金融危机再次重创日本经济，日本政府历经多年徘徊犹豫后主动改革求变，央行将银行间无担保隔夜拆借利率下调到零，日本率先进入零利率时代。

2001年互联网泡沫破裂，日本央行开启量化宽松（QE），进而

① 据彭博社2020年6月19日消息，全球最大对冲基金桥水创始人达利欧警告称，美国企业利润率多年强劲增长势头的逆转可能导致股票投资者遭遇“失去的十年”。

又探索了双宽松（QEE），甚至实施负利率（NIRP），率先进入了负利率时代。

日本央行的极端宽松政策，主要是为了给日本政府财政提供融资。央行直接购买日本政府债券，成为日本财政的最大债权人。

2008年金融危机爆发，日本央行大幅度增加了政府债券的采购。截至2020年，日本央行持有的日本债务规模已经超过了日本GDP。

2019年日本国家债务总额达1103.35万亿日元，政府债务占GDP比率达238%，为全球最高。

这就形成了低利率、高货币、高债务的局面。但是，为什么货币宽松没有引发通货膨胀，也没能刺激经济增长？

日本央行直接采购政府债券、商业银行股票及股票ETF（2010年开始），改变了货币流通方向，制造了“坎蒂隆效应”。

大量货币进入了金融市场，而没有进入生产及商品市场，产生金融市场通胀和实体经济通缩相背离的现象。随着日本央行持续购买商业银行股票和股票ETF，日经指数从2012年底的9000点左右持续上涨到2020年的22000多点。

大量资本在银行系统长期空转，很多企业及居民即使获得贷款也不投资不消费，而是存入商业银行，推高了存款规模。最近十多年，日本居民存款不降反升。2010年日本居民持有存款占其金融资产的比例达到53%，显著高于同期美国的15%。

这就造成了实体经济的通缩，消费者物价指数（CPI）持续低迷。2018年日本核心CPI同比上升约0.9%，与2%的通胀目标相去甚远。

日本央行为什么要购买商业银行股票和股票ETF？

日本商业银行持有大量的股票资产，日本央行购买股票其实是为了拯救商业银行。

1995年至2000年，日本国内银行投资股票资产规模在40万亿日元以上，占总资产的比例达到6%。2004年底，商业银行的股票资产规模缩水至22.9万亿日元，占总资产的比例下降至3%。同时，商业银行坏账大幅增加，资本充足率从2000年底的11.1%下降到2002年底的9.6%。

日本央行从“最后贷款人”沦为了“最后的买家”。2018年3月，日本央行成为日本政府最大的债权人，以及约40%的日本上市公司前十大股东之一。

然而，宽货币没能推动经济复苏，实体经济通缩导致日本经济长期低迷。在过去的三十多年里，大多数年份的GDP增长率都低于2%，甚至经常出现负增长。

其背后深层次的原因是什么？

2016年瑞银报告认为，日本经济增长陷入停滞、通货膨胀率持续走低，这背后主要的原因是日本劳动年龄人口占比的下滑。

1990年前后，日本劳动年龄人口占比进入拐点，劳动人口不足被认为是日本经济低迷的深层次原因。

日本是一个深度老龄化的国家，老年抚养比达到45.2%。日本从20世纪60年代末开始进入老龄化，到2016年60岁及以上的人口占比达到33.7%，65岁及以上的人口占比达到27.3%。日本的总和生育率从1947年的大于4，持续下降到2005年的低点1.26。未满15岁青少年的占比从1947年的35%，下降到2015年的12%左右。

低生育率拉低了日本的经济增长率，老龄化加重了财政负担。

日本的社会福利保障体系非常完善。随着老龄化加剧，领取养老金的人越来越多，日本社保及财政也压力重重。

日本人均社保支出在过去15年内增加了50%，其中老龄化相关支出占比从1975年的33%提升到2015年的68%。国民负担率（税收和社保占国民收入的比重）由1970年代的24%提升到2018年的43%。日本政府财政中医疗保险、养老保险等社保支出逐年增加，2020年已占到国家财政支出预算的33.7%。受泡沫经济的冲击及低生育率、深度老龄化的影响，日本在货币及财政极端扩张中，形成了“低利率、低通胀、低增长，高福利、高货币、高债务”的经济局面。

令人感到担忧的是，最近十多年，世界经济正在日本化。2008年金融危机后，全球开启量化宽松，美联储直接采购国债为政府融资，欧洲债券收益率降为负数。

2016年，10年期日本债券的收益率为–0.27%，10年期德国债券的收益率为–0.19%，10年期瑞士债券的收益率为–0.61%。

2019年，负利率大肆蔓延。德国和荷兰政府债券市场的收益率为负，爱尔兰、葡萄牙和西班牙大部分债券市场收益率也为负。当然，日本依然是全球负收益率债券的最大贡献国，占了世界总量的近一半。

2020年受新冠肺炎疫情冲击，美联储将联邦基金利率降到零，直接采购债券ETF和企业债，向日本化迈出了实质性的一步。美国、英国、加拿大及欧洲的央行资产负债表大幅度扩张，政府债务也大规模上升。

从2020年3月到5月，美联储资产负债表扩大了3万亿美元，其规模升至7.03万亿美元。其中，国债资产大幅增加。

从更深层次来看，2008年后，全球各主要国家紧随日本之后逐渐进入老龄化、深度老龄化社会，劳动年龄人口占比陆续迎来拐点，经济增长率逐步下跌。

中国GDP增速从2010年开始下行承压，劳动年龄人口数量则在2015年迎来拐点。2019年，中国GDP增长率为6.1%，相较2010年下降了4.5个百分点。未来，中国需要注意政策性婴儿潮对经济的脉冲。

日本以1990年泡沫危机为拐点，全球经济则是以2008年金融危机为拐点，日本也许是世界走向“三低三高”之陷阱的先例。

这其中的底层逻辑是：低生育、老龄化—高福利及增长乏力—货币刺激增长—金融危机—货币及财政扩张，央行购买政府债券—高福利、高货币、高债务、低利率—金融资产通胀，实体经济通缩—低通胀、低增长。

02
日本人口老龄化

在分析全球经济日本化之前，我们需要消除几个误区：

第一，GDP能否衡量一国经济水平？

GDP为国内生产总值，GNP为国民生产总值，二者最大的问题在于只能反映总量水平，不能反映效率水平。一个国家劳动力越多，经济产值越大；人口大国，如中国，经济总量如今已超过日本。但经济总量并不能说明经济效率及质量。

人均产值，尤其是劳动人口（15岁至64岁）的人均产值，才能更好地体现一国经济的效率和质量。

我们以劳动人口人均产值为指标看看日本过去几十年的经济水平：

1990年日本的GDP为3.13万亿美元，劳动人口为8605万，单位劳动人口的经济产值为3.64万美元；2010年日本的GDP为5.7万亿美元，劳动人口下降至8215万，单位劳动人口的经济产值为6.93万美元。

从这个角度可以看出，从1990年到2010年，日本的劳动生产率几乎翻了一倍，经济效率在提升而非下降。不过，2012年后经济效率存在较大幅度下滑（后面分析原因）。

所以，生育率下降、老龄化可能会导致经济规模下降，但不一定会降低经济效率及技术水平。

第二，通胀率能否反映经济景气状况？

目前，宏观经济学家认为，经济增长必然伴随着通胀。他们畏惧通缩，将通胀率低于2%视为低通胀或通缩。

世界主要国家的央行将2%作为通胀率目标。经济学家根据模型推测，2%的温和通胀有利于经济持续稳定增长。这就是所谓的“润滑油政策”。

这种观点主要来自温和通胀理论，但其实是一种长期的激进政策，也是存有争议的理论。

因为经济是可以实现零通胀增长的，例如技术创新、产品迭代。以智能手机为例，新品价格如果高于旧品，旧品一般会降价销售，从而拉平价格指数。

还有一种观点是，随着经济增长，工资收入增加，劳动力价格上涨，产品价格上涨，通胀率上升。但是，这种观点忽略了一点，经济要素是动态博弈的。当劳动力价格上涨时，企业主会通过技术及管理创新，减少劳动雇佣，提高机械化批量生产，从而降低产品价格。在欧美国家，理发、餐饮等服务价格上涨（劳动力价格高），但汽车等工业品价格持续下降。

所以，通胀率不能作为经济景气指标，通胀率在零左右徘徊，并不能说明经济低迷。

第三，就业率能否反映经济景气状况？

过去三十多年，日本经济一直保持着低失业率，这让经济学家极为困惑。宏观经济学家认为，低增长、低通胀意味着高失业，低失业应该是经济强劲的表现。

日本劳动力市场一直保持着强劲，2019年日本失业率降到2.3%，劳动参与率在2012年后逐渐上涨至62.5%。

再看全球，2016年日本及欧洲主要国家在接近充分就业时实施负利率。当时，日本失业率只有3.2%，德国只有4.2%，瑞士只有3.3%。

为什么高就业率没能带动经济增长？

其实，与通胀率类似，就业率作为经济景气指标可能已逐渐失灵。最近几十年，日本及欧美国家劳动人口数量逐渐下降，大量的人口从劳动力市场中退出。即使经济衰退，只要退出的劳动力足够多，就业率依然可以维持较高的水平。

所以，美联储及各国政府将就业率、通胀率视为政策的目标，容易被误导。

消除以上三个误区后，我们再看日本乃至全球经济到底出了什么问题。还以劳动人口人均产值为指标，2018年，日本单位劳动人口产值只有6.57万美元，比2010年下降了3600美元。

最近十多年为什么日本的经济效率在下降?

至少有三大因素导致市场失灵、经济效率低下:

一是非市场化的婴儿潮对市场的冲击。

生育率下降和老龄化是经济增长的结果，而不是经济低迷的原因。为什么?

因为随着避孕措施的普及完善，人的生育行为转化为市场行为。随着经济增长，生育率下降，社会逐步进入老龄化，家庭会主动选择减少生孩子的数量，从而提高养育质量。优生带来人力资本的提升，弥补人口减少带来的经济产值损失。如此，经济规模短期可能会下降（也可能会增加），但经济效率、技术水平依然在提升。

但是，受战争、生育政策等人为因素的冲击，个人的生育行为未必是主动选择的市场行为。换言之，人口生育率的非平滑可能对经济增长形成脉冲。

比如，受“二战”这一历史事件的冲击，日本人口出现结构性问题。

“二战”前，日本政府为经济增长及战争做准备，积极鼓励生育，催生了一波婴儿潮。这波婴儿潮使日本在20世纪八九十年代快速老龄化。

日本65岁及以上人口占比从7%上升到14%只用了24年（1970—1994年），德国用了40年，英国46年，美国72年，瑞典85年，法国115年。“二战”后的和平时代，日本又迎来了一波婴儿潮，1947年到1949年的三年里，日本共出生了806万人，占总人口的十分之一还多。

这波婴儿潮带来了日本20世纪七八十年代的人口红利，也是经济腾飞的主要因素。但是，他们在2010年后，几乎同时退出劳动力市场，对日本社会保障、劳动力市场及经济增长造成明显冲击。

日本60岁及以上人口占比迅速增加，从10%提升到20%用了28年，而从20%提升到30%只用了14年。到2016年，日本60岁、65岁及以上人口占比分别为33.7%、27.3%，远远超过国际惯例的10%和7%[①]。

可见，日本在20世纪90年代快速老龄化，在最近十多年跑步进入深度老龄化社会。

在劳动力市场上，2018年日本劳动人口快速下降至7557万，比2010年减少了658万，单位劳动人口的经济产值只有6.57万美元，比2010年下降了0.36万美元，经济效率不升反降。

这说明劳动人口数量与质量之间没能平滑过渡，人力资本的提升难以弥补劳动人口大规模退出带来的产值萎缩。这是日本最近十年经济效率下降的主因。

二是社会保障政策对市场的冲击。

按照弗里德曼的永久性收入假说，个人的消费、投资、养老等行为是基于长期预期，而非短期。按照戴蒙德世代交叠模型，个人的市场行为超出生命长度的预期。比如，对下一代投资、为下一代储蓄、“养儿防老”就是基于世代交叠的市场行为。在没有完善的社会保障政策的时代，在中国广大农村，“养儿防老”一直是最主要的养老方式。

---

① 国际上通常看法是，当一个国家或地区60岁及以上老年人口占人口总数的10%，或65岁及以上老年人口占人口总数的7%，即意味着这个国家或地区处于老龄化社会。

但是，社会保障政策对个人养老的市场行为构成干扰，不合理的社会保障政策容易扭曲这一市场，导致社保亏空、财政负担加重。

社会保障是一种强制储蓄政策，一般是个人储蓄加上政府财政补贴。社会保障金额越高，老龄化越严重，政府财政压力越大。

在日本，社会保障完善，包括国民年金、厚生年金[①]和介护保险[②]，福利水平高。以2017年计算，一对缴费40年的夫妻，退休后每月可领取国民年金和厚生年金，一共超过22万日元，约1.36万元人民币。退休年龄是一个关键影响因素。

战后日本人均寿命迅速上升。1947年，日本男性平均寿命只有50岁，女性只有55岁；2018年日本男女平均寿命分别达81.25岁、87.32岁，成为世界上人口最长寿的国家。

长寿是日本经济增长、社会进步的结果，但过早退休造成了劳动力的浪费和社保压力。日本男性领取社保的平均时间为21年，女性为27年。

2001年，日本政府宣布延迟退休，男性从原来的60岁逐步推迟到2013年的65岁，女性从原来的60岁逐步推迟到2018年的65岁[③]。

---

① 国民年金与厚生年金均属于日本的养老保险金。国民年金的参保对象是所有居住在日本的20～60岁人群，最初领取年龄为65岁；厚生年金参保对象为日本公司职员，领取年龄为60岁。

② 介护保险：日本“介护保险”的目标是通过相应的生活服务保障老年人的生活质量。介护是指身体清洁、协助饮食起居以及家务服务等。介护保险筹资一部分由国家支出，另一部分由个人支付。

③ 日本先前的养老金给付的初始年龄是60岁，后来逐步把领取养老金的年龄提高到65岁，男女分别从2013年和2018年开始实行，并将于2025年和2030年过渡完毕。具体实施上，男性从2013年起，每3年增加1岁，从60岁推迟到65岁，女性晚5年实行。

延迟退休后，日本老年人就业率持续上升，60 ~ 64岁的老人在2009年之后的就业率甚至超过了15岁以上全体居民的就业率。2016年，日本60 ~ 64岁、65 ~ 69岁老人的就业率分别达到66.2%、44.3%。随着独居老人、失去自理能力老人的增加，日本政府从2000年开始引入商业性质的介护保险制度，以减轻财政压力。

而在欧美国家，福利民粹主义泛滥，社会福利费用持续增加，政府债务高企。

三是不当的财政及货币政策对市场的冲击。

2008年金融危机后，世界主要国家财政纪律被破坏，央行独立性丧失：为政府提供大规模融资，以增加社会福利，购买政治选票，安抚民粹情绪。

日本率先探索了一条“量化宽松+负利率”的危机管理模式，形成一种兜底式惯性思维：有困难找政府。全球主要国家都在效仿日本，当经济衰退时，政府加杠杆，以维持高福利。

以新冠肺炎疫情为例，2020年3月，美国政府和美联储联合兜底，在2万亿美元的财政刺激计划中，5600亿美元是直接补贴给家庭与个人的现金，占美国GDP的2.9%。

加拿大的居民现金补贴达475亿加元，占GDP的2.3%。澳大利亚的居民补贴为249亿澳元，占GDP的1.3%。新加坡的居民补贴为59亿新元，占GDP的1.3%。印度的居民补贴为1.7万亿卢比，占GDP的1.2%。德国拿出500亿欧元，占GDP的1.5%，补贴给中小企业及个体户。

其实，将新冠肺炎疫情视为“大雪灾”，如此兜底式救灾无可厚非，问题在于将兜底式政策理论化、常态化。

现代货币理论推崇日本模式，认为只要汇率、通胀率平稳，央行可以为政府提供融资（债券等同于货币），以应对衰退与危机。

最近十多年，日本继续走向全球化，但经济却内卷化。全球经济效仿日本，亦日益内卷化。

03
货币公地悲剧化

日本化是一条“坐吃山空”的不归之路。

2009年2月，日本宣布重启股票购买计划，从商业银行手中购买1万亿日元股票，并计划在2012年到2017年出售。但是，受金融市场的冲击，日本央行将完成股票出售的最终时间点从2021年推迟到2026年。

宏观经济学家理所当然地认为，央行可自行调节货币余缺，收放自如。然而，过去40多年的历史告诉我们，央行逆周期调节的历史是一段“覆水难收”的灾难史。

过去40多年，美联储在一直采取非对称政策，每一次利率下调的幅度都大于上调的幅度，导致利率持续下行，最终走向今天的零利率。欧洲央行、日本央行也是如此。

为什么？

因为经济增长受投资边际收益率递减规律的支配：

货币泛滥—投资边际收益率下跌—经济增长乏力—诱发货币宽松，货币更加泛滥—投资边际收益率进一步下跌—经济增长低迷……如此反复循环，经济在负利率、负增长的泥潭中挣扎。

弗里德曼认为，财政扩张、过度投资，导致经济滞胀。如今，央行直接采购债券，改变了货币流向，导致金融通胀，实体通缩，经济停滞。

在这个恶性循环中，穷人通缩，富人通胀，中产塌陷，贫富分化加剧，全球进入“幂律型”社会（如大前研一描述的日本“M型”社会[①]）。

真正可怕的还不是日本化，而是拉美化。

与他国相比，日本反而是世界上贫富差距最小的发达国家之一。日本藏富于民，居民和企业负债率低，政府负债率高，政府债务以国内债务为主。同时，日本实施了卓有成效的改革，企业积累了大量前沿的基础性技术。

美国凭借其美元“世界货币”的特殊优势，暂时还不会“坐吃山空”。即便经济低迷，美国强大的政治、文化及军事统治力，依然可支撑美元。

最糟糕的或许是阿根廷、巴西、印度尼西亚、印度、土耳其、南非等新兴国家。这些国家并不具备日本化的条件，央行采购大规模的国内债券、股票，可能导致货币大幅贬值，引发货币危机。若新兴国家大举外债扩张财政，可能引发债务危机。

另外，新兴国家普遍贫富差距巨大，房地产泡沫高企，消费被透支，未富先老，危机重重，日本化极易引发泡沫危机。

事实上，新冠肺炎疫情暴发以来，不少新兴国家的货币已较大幅度贬值。

---

① 在经济、社会环境的变动下，随着资源的重新分配，收入阶层的分布往底层阶层和高层阶层上下两极移动，高等阶层和中低阶层贫富差距增加，形成了左右两端高峰、中间低谷的“M型”社会。

未来，欧美世界日益日本化，而新兴国家则在日本化之路上可能逐渐走向拉美化。

全球经济日本化的问题在于，公共用品（货币、财政及社会福利）沦为公地悲剧[①]。

法定货币及政府财政皆为公共用品。央行丧失独立性，政府财政纪律被破坏，引发集体（全国乃至全球性）“搭便车”，两大公共用品沦为公地悲剧。当宽货币被富人“搭便车”后，占大多数的中低收入者则以政治选票，从社会福利入手，支持财政赤字货币化，同时搭财政、货币之双便车。

笔者在本书中也梳理了一条世界经济问题之“底层逻辑”，这里，笔者将公共用品的问题加入其中：

经济全球化与财政主权化、货币国家化之矛盾（全球化秩序）—美元沦为公地悲剧—资本市场通胀—贫富差距扩大—民粹主义崛起—财政赤字货币化—货币与财政同时扩张—社会福利增加—资本边际收益率下滑—经济通缩、衰退、萧条……形成了“低利率、低通胀、低增长，高福利、高货币、高债务”之经济格局。

如何破局?

自庇古开创福利经济学以来，这一理论始终未能找到政府实施福利政策的科学依据及规律。新制度经济学诞生后，降低交易费用成为政府提供公共用品及社会福利的主要依据。

但是，交易费用的解释依然是模糊的。“诺斯第二悖论”认为，长期的交易费用是不断上升的，经济因此会陷入停滞。正如当前社会福利费用日益增加，政府负债累累，经济增长乏力。

---

① 公共物品因产权难以界定（界定产权的交易成本太高）而被竞争性地过度使用或侵占，从而造成资源枯竭的悲剧。

为什么交易费用持续上升？

长期以来，各国社会福利等公共用品建设的方向并不是降低交易费用，而是维护社会公平，抑或是购买选票与人心。

在此，我们必须在交易费用的基础上更进一步：公共用品（社会福利）的目的应该是效率，而不是公平。

“效率，还是公平”，被认为是政府施政的平衡术。但其实，所谓公平的政策（机会均等）只能是手段，目的还是提升效率。

哲学家诺贝托·波比欧认为，唯一准确的左右派差异是有关人们对平等理念的态度。左派追求结果平等，但结果平等是违背规律与人性的，只会引发集体“搭便车”，使公共用品沦为公地悲剧。过高的福利或机会不均等的福利，都会造成经济效率损失。右派主张机会均等，而不是结果平等，将机会均等视为追求自由和效率之目的的手段。

弗里德曼有一句经典名言把这个问题说清楚了：“一个社会如果把平等置于自由之上，就既不会有自由也不会有平等；如果把自由置于平等之上，就能同时得到更高程度的自由和平等。”

但是，每当经济危机爆发，民粹主义崛起，左派意识形态占据主流，社会福利政策的目的就会被扭曲，进而扭曲自由市场，使世界经济走向日本化。

未来的世界，需要制度来抑制意识形态。正如诺斯所说的，制度的作用是使人们在面对危机失去理性时可以约束自己。

从全球来看，化解经济全球化与财政主权化、货币国家化之矛盾，需要新的全球化秩序及规则。

从国家来看，需要将货币、财政及公共用品之效率目的纳入制度。

比如，货币的本质是公共契约，其唯一的职责是维持价格稳定。货币价格稳定，经济运行效率就高。如果引发通货膨胀甚至资产泡沫，那么说明央行违约——货币价格不稳定。如果央行为政府融资，则背离了货币的本质及职责。

美国《合众国宪法》第1条第8款明确规定："铸造货币，调节其价值，并厘定外币价值。"弗里德曼认为，政府并未成功地履行被宪法赋予的责任。或许，美国还需要一个关于央行及货币的宪法修正案。

全球经济正在加速日本化，本质上是经济货币化、货币公地悲剧化。

2022年开始，全球大规模的货币超发引发了大通胀，日本化从"三低三高"向通胀危机、债务危机和货币危机演变。

参考文献

[1] 潘捷，陈斐韵，黄海澜.如何读懂日本央行资产负债表？[EB/OL].东方证券，2020-03-15.http：//finance.sina.com.cn/money/bond/research/2020-03-05/doc-iimxyqvz7990198.shtml.

[2] 倪华.日本人口老龄化及相关企业研究[EB/OL].方正证券，2018-12-11. http：//qccdata.qichacha.com/ReportData/PDF/84fc74565118743f22cafccef8b988c0.pdf.

日本经济之路：从泡沫危机到债务风险

2021年4月13日，日本政府正式决定两年后将福岛第一核电站的核废水排放入大海。消息一出，舆论哗然，反对者众。

该放射性核废水来源主要是福岛核电站反应堆中的冷却水、事故泄漏处理中产生的冷却水以及大量渗入反应堆的地下水和雨水。过去十年，核废水持续增加，东京电力准备的一千个储存罐现已装满九成，预计到2022年秋季达到极限。日本方面认为储存核废水存在巨大安全隐患，处理核废水已是“不能推迟”的课题。但若按计划向海洋排放，核废水排放规模将达到137万吨之巨。

尽管日本政府承诺将核废水经过滤并稀释后排入大海。但是，很多人还是担心核废水对海洋构成核污染，并认为日本还有更多的办法解决此事，但日本政府采用了最节省成本的方式——一倒了之。

很多人嘲讽：传说日本人不扔一张废纸，如今却直接倒核废水。日本是一个令人迷惑的矛盾体：日本的核技术颇为顶尖，但核废水只能靠海洋吸收来解决。日本是一个实力强劲的经济体，但政府无力承担核废水处理的成本。日本是世界上人口最长寿、贫富差距最小的国家之一，但也是深度老龄化、少子化的国家。

美国文化人类学家鲁思·本尼迪克特的《菊与刀》解剖了日本

矛盾的国民性。《国家转型》一书中也提到，日本在泡沫危机后逐渐在上游积累了大量的前沿基础技术；同时，日本正靠举债度日，成为全球负债率最高的发达国家。

本节从资产定价的角度分析“日本现象”。

01
泡沫危机

1990年泡沫危机后，日本经历了长达三十年的经济停滞。这是令人费解的“日本现象”。1995年，日本GDP为5.45万亿美元，人均GDP为4.34万美元；2019年GDP只有5.08万亿美元，人均GDP只有4.02万美元。从这两项数据来看，日本经济可谓“失去了三十年”。

很多人对日本经济的印象还停留在1990年泡沫破灭及“消失的三十年”上，但其实，日本今天的经济质量、基础科技以及全球化程度远在三十年前之上。

怎么理解这种变化？

1990年经济泡沫危机给日本整个社会带来了一场暴风骤雨般的去杠杆。日本所有的资产，包括日元、房地产、土地、股票、债券、劳动力，均遭遇信用暴击，需重新在国际市场上寻求定价。

这给新兴国家以足够的警醒：当金融市场未实现完全自由化时，国内资产没有经过国际市场定价，一切财富都可能是货币幻觉。

“二战”后日本经济快速复苏，并延续了二十多年的高增长，1955年已恢复到战前水平，1960年出口额达40多亿美元。一直到1970年，日本都采取固定汇率，1美元兑换360日元。随着日本经济实力的增强，日元以及以日元计价的国内资产被严重低估，这刺激了日本出口扩张。

到20世纪70年代，日元升值压力增加，日本打破固定汇率，转而实行资本管制的浮动汇率。日元开始升值，1972年1美元兑换303日元。为了减小升值压力，日本的资本管制政策是：限制资本流入，鼓励资本流出。对贸易预付款的免税上限额度从1972年的10000美元下降到当年6月的5000美元。非日本居民购买的股票和债券额度不能超过之前卖出的额度。日本允许居民持有外汇，鼓励资本进入国际市场投资。

1973年世界石油危机爆发，严重依赖国际原油进口的日本遭遇重创，日元贬值压力上升。1973年1美元兑换271日元，第二年上升到1美元兑换292日元。为了降低日元贬值压力，日本资本管制政策掉转船头：鼓励资本流入，限制资本流出。贸易预付款的免税上限额度又恢复到10000美元，随后上调到100000美元。自由日元账户的准备金要求从100%下降到0。

从固定汇率到浮动汇率，是日本资产的真实价格发现的过程。但是，资本项目的管制以及前后相反的操作干扰了这一进程，日本经济的真正实力没有经过国际市场的充分检验。

从20世纪70年代末开始，日本经济稳定增长。其时，美联储主席沃尔克大幅度提高美元利率，美元快速升值。1978年1美元兑换210日元，到1982年上升到1美元兑换249日元。日元贬值刺激了日本对美出口。从1980年到1984年日本对美国贸易顺差激增，美国成为世界最大的债务国，日本成为世界最大的债权国。

1980—1985年，日本的经济增长率为4.8%，美国约为1.5%；劳动生产率方面，日本约为3%，而美国仅为0.4%。这是不是日本经济的真实力量?

这时，日本的资本管制又转向了：限制资本流入，鼓励资本流出。1980年12月，日本实施新外汇法（《外汇与对外贸易管理法》)，推动外汇自由化。1982年，日本首相中曾根康弘提出国际化战略，试图让日元升值，帮助日本企业在海外市场进行大规模收购和扩张，促进日本产业结构调整，形成全球化经济格局。1985年，日本政府发布《关于金融自由化、日元国际化的现状与展望》，宣告日本进入经济、金融全面自由化、国际化阶段。

20世纪80年代开始，美元升值太快，美联储希望压低美元汇率，而日本正好渴望日元升值与金融国际化，于是就有了1985年9月的五国“广场协议”。根据该协议，日德英法的货币对美元升值。1986年美元兑日元汇率从前一年的1：238迅速上升到1：168。

“广场协议”并不是什么美国对日本的阴谋，相反，日本是推动这一协议最积极的国家。根据1995年日本经济刊物《经济学人》上发表的一篇文章，日本财长竹下登承认，是他主动提议召开这次广场会议的，而非美国财长贝克。这与当时的国际汇率波动有关，也与日本的国际化战略有关。

很多人不知道的是，“广场协议”签订后，四国货币升值太快，外汇波动剧烈，美日德等七国又在1987年签署了一份“卢浮宫协议”，目的是维持兑美元汇率的稳定。从1987年到1992年美元兑日元的汇率都比较稳定，维持在126~144。

但是，日元较之前已大幅度升值，好处是刺激日本资本对外投资，坏处是打击了国内制造业。这就是内外市场的冲突。怎么办？日本央行试图找到一个两全其美的办法：一边在1986—1987年连续5次降低利率，释放大量货币支持制造业；另一边维持日元兑美元汇率，鼓励日本企业拿廉价日元兑换高价美元，在国际市场上开启“买买买”模式。

不幸的是，大量的信贷货币流向了房地产和股票市场，快速形成巨大的泡沫。

日本央行快速紧缩货币，刺破了泡沫。泡沫危机爆发后，日本央行却没有再次扩张货币救市，而是眼看经济崩盘。

20世纪90年代，日本经济颇为挣扎，先在1993年触底，接着在1995—1996年反弹，但在1997—1998年又遭遇亚洲金融危机，这场危机彻底打击了日本经济复苏的希望。于是，日本下定决心实施金融改革，解除金融管制和保护，外汇市场彻底自由化，这被称为“金融大爆炸”。从此，日本的资产在国际市场上开启价格发现之路。

从20世纪70年代开始，日本政府实施了资本管制的一系列操作，试图利用政策提升国际竞争力。然而，这其实是取巧之策，本质上扭曲了汇率价格，导致日元及日本所有资产处于价格失真的危险状态。在80年代中后期，日本央行先吹大了资产泡沫，制造了“堰塞湖”，后又刺破泡沫，疯狂泄洪。

不过，日本痛定思痛，没有走回头路。1997年亚洲金融危机爆发，韩国（财阀及民族主义者）将危机归咎于金融自由化，还有一些国家以此为由拒绝金融开放，但日本明白，真正的危机是拒绝国际市场定价，闭关制造货币幻觉，而实际上，越开放越安全。日本将“内陆河与太平洋打通”，挤压资产泡沫，稳定资产价格。

有人说，日本泡沫危机的代价是“失去三十年”。过去三十年，从美元计价的国民生产总值来看，日本经济是停滞的。那么，如何理解长期停滞？

02 技术升级

泡沫危机爆发，货币幻觉破灭，国家经济实力与国民财富不断地打折。消失三十年的真实内涵不是“停滞”，而是“回归”——重新定价。换言之，三十年前日本经济本来没有这么强，是虚胖，这三十年是在向真实价值回归。什么是真实价值？

不能按照劳动价值论的方法来判断，真实价值就是市场定价，而且是国际市场重新定价。1998年汇率完全自由化后，日元、房产、股票、债券、劳动力以及日本的所有资产彻底由国际市场定价，走上价值回归之路。回归到什么程度？

一方面取决于当年泡沫有多大，另一方面看这三十年日本科技创新有多强。

日本房地产和股票是去泡沫最严重的两大资产。

日本房地产泡沫几乎成为泡沫经济的代名词，当时的口号是“卖掉东京买下美国”。但是，日本房地产值不值这个价？泡沫危机后，房价崩盘，国际市场给出了答案。日本实际住宅价格指数以2010年为100核算，1991年3月为巅峰的189，2020年6月也才恢复到106。东京的房价跌得更厉害，2020年只有最高位的三分之一多一些。

1989年12月，日经指数触顶接近39000点，此后快速崩盘，到1992年6月下挫到15000多点，2003年3月和2009年2月更是触及7000多的低点，回到1984年之前的水平。

从20世纪90年代，日本股市经历了泡沫危机、1997年亚洲金融危机、2001年互联网泡沫危机和2008年全球金融危机。如今，日本股票是什么价位？最近十多年，全球大放水，美股迎来史诗级大牛市，日本股市乘势反弹，2021年3月，日经指数达到最高的30000点，但依然不及泡沫经济巅峰之时。

日本牛市主要还是靠央行注水。日本央行首开量化宽松之先河，直接大规模买进日本股票，尤其是银行股，相当于直接印钱给股票市场。这是不是股票的真实价值？

美元及信用货币一部分是人为定价（供给），一部分是由国际市场定价。从绝对力量来看，美元超发，日元超发，美股和日股价格膨胀都是货币现象。即便是国际市场定价，也不是完全真实的价格。但从相对力量来看，股票价格存在一定的真实性。为什么？作为一个开放经济体，日本央行能够给股市大规模注资，说明日元以及日本股票在国际市场上具备一定的竞争力。

在封闭经济国家，央行给股票注资，股票价格上涨是纯货币泡沫。但在开放经济体中，货币超发，汇率会下跌。我们具体看日元汇率：1998年日元兑美元的汇价为130，汇率完全自由化后，汇价相对稳定，日元对美元还有所升值。2009年到2011年美联储超级宽松期间，日元兑美元的汇价上升到79～93；2021年4月，汇价为109。

这说明什么？

泡沫危机后，尤其是1998年汇率自由化后，日元在国际市场上一直保持着稳定的竞争力：日元在国际支付市场中长期处于第四位，占比在3.5%上下波动；在国际储备货币市场中长期处于第三位，份额稳定在5.7%左右。

总结起来，过去三十年，日本房地产被打回原形，股票价格经历了漫长的下跌后受惠于日元超发而上涨，日元相对稳定。日元稳定代表什么？

日元价格广义上代表日本的国家信用和经济实力，具体支撑信用货币价格的是抵押资产，如外汇、国债和股票。日元的稳定说明其背后的抵押资产信用高，获得国际市场的充分定价与认可。如此，日元才能大规模地扩张。

我们接着看日元背后的抵押资产是什么。

在20世纪七八十年代，日本央行的主要资产是美元外汇。泡沫危机后，尤其是进入千禧年后，日本央行大幅度去美元化，推行量化宽松，大规模购买本国国债和股票。2001年3月至2006年3月，国债规模占总资产的比重维持在65%～70%。近些年，国债比重维持在85%左右。2010年12月开始，日本央行开始采购日经股票指数ETF，其市值占总资产的5%左右，占东京证交所股市总市值的比重也已达5%左右。日本央行向股票注水，股票价格持续上涨。

这说明什么？

说明两个问题：一是日本央行太没底线了；二是日本经济力量尤其是企业实力强大。在开放经济体中，能够用本国资产发行货币，说明本国资产的信用可靠。如果还能用本国的资产超发货币，说明本国资产在国际市场上认可度高。日元背后的资产——股票和国债的信用，根本上由日本的科技力量支撑。

日本企业的科技力量来自哪里？

泡沫危机对日本企业的打击很大。20世纪90年代，它们经历了彷徨，并在亚洲金融危机后果断转型。我们熟悉的日本家电、电子企业，如松下、索尼等，迅速败退，但是它们并没有消失。

《国家转型》一书中指出，日本企业放弃终端，逐渐向上游及核心领域转型升级。经过二十多年深耕，日本企业在大型核电、新能源、氢燃料电池、电力电网、医疗技术、能源存储技术、光学技术、半导体原料、生物科技、机器人研发及基础科学领域大有斩获。

基础科研与全球化是日本企业技术升级的两大路径。如今，世界顶级的技术都是全球化分工与合作的结果。日本制造依然是全球顶级水平，日本企业往往抓住其中微小的一环做到极致，例如蒸镀机。手机显示屏制造最重要的一道工序就是蒸镀，而日本的蒸镀机是世界最为顶级的。

如今，日本在工业前沿的十几个领域稳居前三名，在科技界连续十八年每年都有诺贝尔奖得主。与20世纪80年代相比，日本企业的营收规模或许没有太大的变化，但基础技术实力更强劲、底蕴更深厚。

所以，日本消失的三十年是资产重新定位的过程，房地产缩水，股票洗牌，日元稳定，日本企业向核心技术领域转型。正是日本企业的技术升级才确保日本在这三十年没有倒退，而是停滞。反过来说，在大停滞时期，日本企业储备了大量“武器”。

问题是：日元超发，天量国债，日本企业顶得住吗？不会爆发债务危机吗？

03
债务风险

如今，日本的债务规模有多大?

2020年末全球主要经济体主权债务合计为61万亿美元，其中美国27.78万亿美元，日本11.75万亿美元。日本政府的负债占GDP的240%，远超60%的国际警戒线，是世界上负债率最高的发达国家。日本的GDP总值比德国高1万亿美元，但债务规模比德国多9万亿美元。

日本政府为什么要借这么多钱?

从泡沫危机开始，日本接连遭遇亚洲金融危机、互联网泡沫危机、全球金融危机以及新冠肺炎疫情。日本政府为了刺激经济增长，率先在2001年，即互联网泡沫危机期间，实施量化宽松，大举购买国债，债务规模直线攀升。同时，日本央行将拆借利率下调至负数，是第一个进入负利率时代的国家。后果是，政府债务规模激增，日本央行成为日本政府最大的债权人。

也正是从泡沫危机开始，日本劳动年龄人口占比进入拐点，老龄化、少子化加剧。日本的总和生育率从1947年的大于4，持续下降到2005年的低点1.26。未满15岁青少年的占比从1947年的35%，下降到2015年的12%左右。2016年日本60岁及以上的人口占比达到33.7%，65岁及以上的人口占比达到27.3%。

如今，日本是一个典型的深度老龄化国家。低生育和老龄化加重了日本的财政负担，日本政府不得不大规模融资以应付持续扩大的养老开支。日本人均社保支出在过去15年增加了50%，其中老龄化相关支出占比从1975年的33%提升到2015年的68%。国民负担率（税收和社保占国民收入的比重）由20世纪70年代的24%提升到2018年的43%。日本政府财政中医疗保险、养老保险等社保支出逐年增加，2020年已占到国家财政支出预算的33.7%。

所以，“消失三十年”后的日本给世人两种截然不同的感观：一面是全球顶尖的技术支撑，另一面是全球顶级的债务规模。这从“核废水计划倾倒”事件中也能窥见一斑。

2011年日本福岛第一核电站泄漏后，东京电力持续向反应堆注水降温，每天大概产生180吨高浓度放射性核污水。2021年4月，120多万吨核污水被保存在近千个巨型储水罐中。日本政府决定两年后将这些存储的核污水全部倒入大海。

日本政府承诺将核污水稀释后排放入海。所谓稀释，即先用铯吸附装置去除铯和锶，再用多核素去除设备去掉63种放射性核素中的62种，但是剩下一种放射性核素去不了，那就是氚。怎么办？日本政府计划将氚稀释到远低于日本有关标准的“每升6万贝克勒尔”的水平后再排放入海。

日本在废核处理方面的技术是全球领先的，但这不足以消除外界对其倾倒核废水的质疑和批评。核废水向海洋排放既没有国际经验、国际标准，也没有第三方权威机构监督。如何保证废核水不污染海洋？如何保证不对周边的韩国、中国海域造成核放射威胁？

日本政府有没有更好的处理办法？

日本政府最初拟了多种处理方案，如对地层注入、排入海洋、蒸汽释放、氢气释放和地下掩埋。经过持续时间、费用、规模、二次废物、工作人员所受辐射照射等综合评估，排入海洋和蒸汽释放是两种可行方案。而最终选择排入海洋，主要考虑的是经济性和便捷性。

从中可以看出，日本政府的财政压力很大程度上左右了这次核废水的处理方案。问题的本质很清晰了，日本财力不足的后果可能转嫁给全球——比美元放水更大的威胁。如果不能保证在绝对安全的情况之下向海洋排放核污水，那么这就是一种极为不负责任的行为，各国都应该站出来阻止。

所以，尽管日本企业积累了很多先进技术，但是老龄化和高负债给日本社会蒙上了一层阴影。大量货币刺激，实体经济依然不振，资金长期在金融系统空转，资产泡沫和政府负债不断膨胀。这就是结构性通胀：实体通缩，效率愈低；资产通胀，风险愈大。

其实，这也是当今全球经济的共同问题。正如本书中指出的，世界经济正在呈现日本化，加速走向一种经济常态：低利率、低通胀、低增长，高福利、高货币、高债务。

这种经济常态的底层逻辑是：全球低生育、老龄化加速→经济增长乏力、养老金开支增加→货币扩张、财政扩张→金融危机→货币扩张、财政扩张→低利率、低通胀、低增长，高福利、高货币、高债务→资产通胀、实体通缩。

即便日本负债率全球第一，但是很多经济学家认为，日本是高负债国家中最不坏的那一个。为什么？

日元扩张的信用资产主要是本国国债。换言之，日本政府发行的国债，95%由日本央行及本国企业、居民持有。债务内部化，不等于债务不用还，而是外债风险很低。而像阿根廷、土耳其等新兴国家，政府负债率都比日本低，但是外债率高。一旦美元升值，外债负担加重，就可能导致债务信用崩盘，债务危机爆发。

最重要的是国际市场的信用保障。我们回到前文所述的一条主线：资产在国际市场中充分定价。日本企业及居民愿意持有日本国债，说明他们认可国债的信用。日本央行持有大量国债发行日元，而日本企业、居民及国际机构愿意持有日元——日元汇率稳定，也说明日元在国际市场上有信用。日元的国际信用反过来支持了日本政府的债务扩张。所以，关键看日元是否贬值。

国债与日元的信用保障根本上来自日本企业在国际市场上的信用。2000年后，日本企业开启第二次全球化大潮，大规模向海外扩张。2001年，日本海外总资产达到2.9万亿美元，相当于国内经济规模的75%；海外净资产1.5万亿美元。2011年，日本的海外资产相当于日本本土的1.8倍。另外，日本是世界第一大债权国，长期持有的美债高达1.2万亿美元。

当然，这并不是说日本没有债务风险，更不是说这种货币扩张的方式是对的，而是提出一个人人不得不面对的现实生存难题：如何在美元大潮中求生？如何在债务幽灵存在下求生？如何在老龄化社会背景下求生？

当美元掀起货币巨浪，一些国家大举外债扩张货币，拉美债务危机证明此举是错误的；有些国家则紧闭金融市场，构筑高墙，储备外汇，制造资产“堰塞湖”，日本泡沫危机证明此举不可靠。怎么办？让国内资产由国际市场充分定价，充分参与国际竞争与合作，提升基础技术。唯此，才可能掌握“卡脖子”的技术且抑制相互“卡脖子”；唯此，才可能让国民财富在全球货币浪潮中保持相对真实与安全。这就是全球化生存逻辑。

参考文献

[1] 都留重人.日本经济奇迹的终结［M］.李雯雯，译.成都：四川人民出版社，2020.
[2] 阿部武司.日本通商产业政策史［M］.安钊，译.北京：中信出版集团，2021.

英国金融风险：减税、赤字与英镑

2022年9月23日，英国政府宣布了一项“增长计划”，计划实施近半个世纪以来规模最大的减税措施，英国股债汇三大金融市场闻讯后纷纷大跌。其中，英镑出现了“戏剧性”和“历史性”的下跌，当天下跌3.61%；9月26日英镑兑美元汇率最低触及1.03，创下近50年最低，无限接近英镑与美元的平价位。同时，该计划还引发了英国政府债券历史上最大的单日抛售。

在位长达70年的英国女王伊丽莎白二世刚刚驾崩，新首相特拉斯上任还不到一个月，投资者纷纷看空英国金融市场，股票和债券资产价值损失合计超过5000亿美元。经济衰退威胁增加，大通胀蔓延，能源危机引发“生活成本危机”，经济政策又诱发股债汇大跌，临危受命的特拉斯能否成功效仿撒切尔夫人力挽狂澜？英格兰银行的货币紧缩政策和特拉斯政府的大规模减税政策组合，到底是会恶化财政赤字与通货膨胀，还是能够成功抗击通胀、挽救英镑？

本节从经济学的角度分析英国政府当下的宏观经济政策组合。

01
大规模减税与历史性暴跌

这次“历史性暴跌”的直接原因是英国政府推出的“增长计划”，金额高达2200亿英镑。

其中，最主要的内容是计划实施一项自1972年以来最大规模的减税措施，规模达450亿英镑。具体包括：取消了将公司税提高到25%的计划，将公司税维持在19%，这是二十国集团（G20）中最低的税率；提前一年降低个人所得税税率，从20%降至19%，对年收入超过15万英镑的纳税人征收的最高税率从45%降至40%；等等。

作为一名保守党的女性政治家，特拉斯以撒切尔主义继承者自居，试图效仿撒切尔夫人的减税政策重振英国经济。财政大臣夸西·夸腾（Kwasi Kwarteng）宣布减税计划时称：“英国需要一次重大政策转向，来刺激经济增长。”他预计，整个减税计划会令英国经济实现2.5%的年增长，摆脱此前低增长然后不断加税的恶性循环。

20世纪80年代初，英国首相撒切尔夫人和美国里根总统实施减税及结构性改革政策均获得成功，遏制了历史级别的大通胀，走出了持久滞胀的困境，为日后持续的经济景气奠定基础。为什么特拉斯如法炮制，反被市场看空？

其实，当年里根和撒切尔夫人推行减税计划时也受到了很多质疑，反对者普遍存在两点担忧：

一是大规模减税会增加财政赤字。

当时，多数宏观经济学家和政策制定者均持有这种观点。不过，拉弗领导的供给学派不以为然。拉弗用一条曲线告诉我们，在抵达最优税率之前，降低税率可以增加财政收入，这就是拉弗曲线。理由是，降低税率的减税措施可以激活投资与消费，提振经济，扩大税基。

但这里存在时滞问题。就较短的财政周期来看，降低税率会直接削减财政收入，而减税刺激经济带来的税基扩大可能尚未出现，这时政府赤字会明显上升。

当年，里根拿着减税法案成功入主白宫，并任命了供给学派学者担任联邦财政部预算部门的要职。但是，减税法案实施不到半年联邦财政赤字就明显飙升，于是里根又削减了减税的力度。

二是大规模减税会增加通货膨胀。

如果第一个担忧成为现实，大规模减税引发财政赤字率飙升，那么通胀率上升将不可避免。在信用货币时代，赤字率飙升会削减货币的信用，同时增加货币宽松的预期。这为通胀及其预期上升创造了条件。

当时正在竭力抗击通胀的美联储主席沃尔克，多次提醒里根财政部官员，减税对抗击通胀不利。反过来，里根也不希望沃尔克过度提高联邦基金利率以增加赤字率和失业率。于是，二人达成了一场“交易”，各退一步。

实际上，1972年，英国政府曾出台过一项无资金支持的大规模减税措施，导致通胀飙升，最终以经济滞胀收场。

假如第一个担忧不存在，政府财政系统稳健，大规模减税没有引发赤字率大幅上升，是否还会抬高通胀率？

多数宏观经济学家认为，即使排除这个因素，大规模减税还是会带来通胀率上升。时任麻省理工经济系主任费希尔在他的《宏观经济学》中专门分析了供给学派减税政策对通胀的影响。他认为，降低税率推动了总需求曲线和总供给曲线同步右移。他假设总供给曲线长期是垂直的。结果是，产出和收入扩大的同时，价格也上升。这个观点不符合通胀逻辑。

我们看当前英国的财政赤字和通货膨胀。

先看财政赤字。英国政府在新冠肺炎疫情全球大流行期间大规模扩张财政支出，财政赤字率由2020年底的11.9%升至2021年底的15.3%，远高于2015—2019年平均2.9%的赤字率。2022年4—8月，英国政府累计债务利息成本为490亿英镑，占总支出的12.7%，超出了预期。

9月份，特拉斯一上台就是大手笔撒钱。她承诺提供1500亿英镑家庭能源补贴以应对能源通胀带来的生活成本危机，已提供了600亿英镑；实施涉及450亿英镑的大规模减税；还提出了每年上浮国防支出约200亿英镑。

截止到9月底，特拉斯实施的一系列减税、补贴等政策，将给英国政府本财年增加2000亿英镑左右的支出，需额外借入800亿英镑来支持。2023年，英国政府的财政支出将创1990年以来的最高纪录，英国的债务与GDP的比率将提高到101%。这是英国政府近半个世纪以来最高债务水平。

再看通货膨胀。2022年英国备受大通胀的煎熬，通胀率创下了撒切尔夫人时代以来的新高。如果特拉斯政府大规模减税推动政府财政赤字率飙升，通胀率以及通胀预期都会增加，这在逻辑上是成立的。如果赤字率没有增加，大规模减税是否会推动通胀率上升？

从逻辑上看，政府大规模减税在赤字率未上升的前提下（政府不是靠借钱来减税）不会导致通胀率上升；从现实来看，政府大规模减税，尤其是对企业和普通家庭减税，会提高消费品价格。

这两句话矛盾吗？不矛盾。费希尔的分析在逻辑上是不成立的。所谓逻辑，就是如何界定通胀。根据米尔顿·弗里德曼对通胀的经典论述，通胀是货币超发引发的物价上涨现象，是一种经济扭曲。按照这个观点，消费品价格上涨不一定是通胀，这只是现象。是不是通胀，还要看原因。战争导致石油紧缺，物价上涨，这不能叫通胀。只有货币超发引发需求过热，导致物价上涨，才叫通胀。实际上，费希尔也接受了弗里德曼的主张，只是他更愿意用弗里德曼的逻辑来解释恶性通胀；如今的美联储也是采纳了这种观点，将通胀划分为需求端和供给端两大成因，美联储主要负责需求端过热引发的通胀。

从弗里德曼的逻辑来看，政府手上的钱，通过大规模减税，转移到企业和家庭手上，货币没有超发，不存在通胀问题。

但是，现实来看，物价为什么会上涨呢？就短期来说，对市场上的货币存量的分配不同，物价水平也不同。比如，同是1亿规模的减税，返还给一个企业家，和平均发给每个家庭，对投资和消费的影响是不同的，对短期消费品价格影响也不同。由于普通家庭的边际消费倾向更强，他们会将这笔钱更多地用于消费，从而带动消费品价格上涨；如果发给一个企业家，这笔钱更可能用于投资股票、房地产或制造业，推动资产价格上涨，对消费品价格的短期影响小。

总结起来，英国政府大规模减税与补贴，如果引发赤字率飙升，将连带通胀率飙升；如果未引发赤字率飙升，也会增加消费品价格短期上涨的预期。所以，物价上涨和赤字抬升的悲观预期重创股债汇三大市场。

02
撒切尔改革与特拉斯效仿

面对市场对减税计划的看空态度，特拉斯做了简单的辩护：英国是七国集团中债务水平最低的国家之一，但却是税收水平最高的国家之一……我作为首相决心做的事情，以及财政大臣决心做的事情，就是确保我们正在激励企业投资，我们也在帮助普通人减轻税负。

如果撒切尔夫人的改革是成功的，市场又有什么理由看衰特拉斯?

实际上，特拉斯能否像撒切尔夫人一样力挽狂澜，需要关注英国的宏观经济整体。

如今，欧美所遭遇的大通胀和经济威胁，与里根、撒切尔夫人时代颇有相似之处。2022年，整个欧洲受“双核”冲击，金融市场动荡不安。战争以及战争引发的能源危机导致欧洲出现大通胀，资本外流，欧元、英镑下跌，股票、债券等金融资产下跌。同时，美联储实施近40年来最激进的加息政策，加剧了欧元下跌和资本逃离欧洲市场。

欧盟统计局2022年8月31日公布的初步统计数据显示，受乌克兰局势影响，欧元区能源和食品价格持续飙升，8月通胀率按年率计算达9.1%。英国同年7月的通货膨胀率高达10.1%，创下自1982年2月以来的新高，也是七国集团（G7）中第一个通胀率突破10%的国家。8月通胀率为9.9%，低于7月份和预期，但仍在非常高的水平。英国央行预计未来几个月通胀率均将超过10%。

战争和能源危机，持续大通胀，美联储、欧洲央行和英格兰银行三大央行一起实施激进紧缩政策，多种因素制约欧洲投资、消费和生产活动，加剧了欧元区和英国经济衰退的风险。

欧元区2022年9月IHS Markit制造业PMI初值降至48.5，创27个月的新低，低于预期和前值；综合PMI初值录得48.2，创20个月的新低。欧元兑美元汇率在当周9月28日跌到了近20年的新低，触及0.955。标普全球的一项调查显示，2022年英国综合PMI从8月的49.6降至9月的48.4，低于预期的49；9月服务业PMI录得49.2，跌破荣枯线，为2021年1月以来的新低。同时，市场研究公司GfK表示，2022年9月英国的消费者信心指数下降5个点至–49，为1974年开始调查以来的最低纪录。

再看当年撒切尔夫人面对的经济挑战。与美国类似，英国几乎整个20世纪70年代都在通胀泥潭中挣扎。1974—1980年，英国GDP增长率平均仅1.0%，而通胀率平均达到15.9%。撒切尔夫人接手后：1980年，英国制造业产量下降12%；1981年，失业率超过12%，12000家企业破产。

如今，特拉斯接手的英国经济是撒切尔夫人时代以来最糟糕的局面。与撒切尔夫人当年类似，特拉斯首要挑战是如何控制通胀以及降低通胀给民众生活带来的冲击。更艰巨的任务是应对战争、能源危机、大通胀、全球流动性紧缩、经济衰退、英镑暴跌、债务风险等宏观冲击。

撒切尔夫人当年拿哈耶克当门牌，奉行货币主义和供给经济学，实施自由化改革，主要措施有私有化、控制货币、大举减税、削减福利开支和打击工会力量。

其中，减税方面，撒切尔夫人上台后的第一个预算案就是将个人所得税的基础税率从33%降至30%，最高税率从83%下调至60%，此后经过三次下调，基础税率降至25%，最高税率降至40%；同时，个人所得税的起征点由原来的8000英镑上升至10000英镑，公司所得税从52%降至35%。撒切尔夫人大规模减税降低了企业和个人的负担，提振了投资与消费的信心，减少了高端人才外流，提高了市场效率。

从宏观经济政策的角度来看，以减税为主的扩张性财政政策+紧缩性货币政策，是应对滞胀危机的较为可行的措施，至少在里根和撒切尔夫人时代获得了成功。但是，回顾历史和结合当下，重点关注其中的差异，特拉斯至少需要考虑两点：

一是短期内，英国政府如何开源节流，应对赤字率飙升？

从历史经验来看，减税计划的时滞问题是明显的。当年，撒切尔夫人通过国有企业私有化、缩减福利开支来缓解财政亏空问题。

“二战”后工党政府组建了不少国有企业，到20世纪七八十年代，英国国企普遍巨亏，成为英国政府的巨大负担。1974年，英国国企亏损达12亿英镑。到1982年，英国一家国有汽车企业利兰汽车公司的亏损额就超过5亿英镑。私有化给英国政府减负增收。1979年，撒切尔夫人先从英国国有石油公司入手，出售英国石油公司5%的股票获得2.9亿英镑。之后，撒切尔夫人将石油、航空、港口、电信、煤气、电力、供水等国有企业都一卖了之。英国政府出售国有资产获得的收入从1979年的3.77亿英镑上升到1988年的峰值61亿英镑。

削减福利方面。“二战”后，工党政府大搞福利主义，1976年英国政府的福利支出占比超过63%，导致政府赤字飙升，通胀持续恶化。撒切尔夫人在1980年推出《住宅法》，向租户出售了一批公房。撒切尔政府期间，公房出售收入大约160亿英镑，占政府财政收入的15%左右。政府管理的公房占住房总存量的比重从1978年的32%降到1990年的23%，福利住宅支出由1976年的148亿英镑降到1989年的75亿英镑。

另外，撒切尔夫人直接削减了失业金、养老金以及各种福利补贴，社会保障支出的增长率从1979年的5.4%下降到1991年的3%，社会支出的增长率从1.8%下降到1.1%，社会支出占国民生产总值的比例从43%下降到40%。

特拉斯政府在这方面难以效仿“铁娘子”的做法。英国政府的国有资产基本被撒切尔夫人卖光了，特拉斯无产可卖；同时，福利开支方面也只会增加，而不是减少。

2021年，英国政府债务占GDP的比例为95%左右，在七国集团中为仅次于德国的第二低。最高的日本达到259%。但是，日本持有美债规模超过万亿美元。另外，2022年英国的赤字率增长幅度在七国集团中最高。

特拉斯还需要考虑英格兰银行持续紧缩英镑，以及市场抛售国债引发的付利成本上升和国债资产缩水。特拉斯上任不到一个月，英国政府债券指数的价值已损失超过1700亿美元。

二是中长期来看，英国政府能否促进经济增长？

当年，里根政府和撒切尔政府实施了一系列改革，而不仅仅是减税，才开启一个经济景气周期。比如，里根政府放松航空等产业管制，降低准入门槛，支持信息技术产业；撒切尔政府实施私有化改革，放松外汇和金融管制，推动教育改革等。

这些改革都遵循了正确的思路即增进市场自由度，让市场去配置更多资源，从而提高经济效率。私有化改革后，英国企业的效率明显提高。1978—1985年，英国航空公司的要素生产率提高了4.8%，英国钢铁公司提高了12.9%。1985年，连续10年亏损的英国钢铁公司纯获利3800万英镑。当年的美国则是硅谷革命和投资银行兴起给经济注入了持久的活力。

目前来看，英国经济面对各种挑战，出现了衰退的信号。特拉斯政府需要拿出更多有效的改革措施，增进投资和消费信心。需要注意的是，撒切尔夫人时代，税率高、国企多、管制多，市场准入门槛高，实施有管制的汇率，市场化改革的空间大，政策力度大，政策效果更易显现。如今，特拉斯改革的空间小，短期要解决的是能源供给、劳动力短缺等结构性问题；长期需要推动人力资本增值与技术创新。

03
明斯基时刻与新广场协议

特拉斯的减税政策公布后，市场已经用钱投票。《金融时报》前总编莱昂内尔·巴伯批评特拉斯只是“撒切尔夫人的蹩脚模仿者”。有人认为，她可能会成为英国历史上最短命的首相。

实际上，以大规模减税为主的激进财政政策，叠加紧缩性货币政策，结合一系列结构性改革，可以更有效地应对当前的经济局面。特拉斯政府要做的工作还有很多，除了加大市场化改革、增收减支外，还需要做好两方面的工作：

一方面是管理市场预期。

同样的政策，在不同时期实施效果可能完全不同。宏观经济政策的预期管理非常重要，美联储前主席伯南克认为，“货币政策要发挥影响力，98%靠宣传，2%靠政策本身”。如今鲍威尔正在扭转预期管理的被动局面。

预期管理是一项非常专业的工作，政策制定者需要理解企业、个人在想什么，市场的预期是什么，而不仅仅是政策本身的科学性。特拉斯与撒切尔夫人一样，都是牛津大学毕业，但是很多人认为特拉斯专业度不够，她的幕僚团队鲜有专业人才，多属旧识好友。

2022年9月，受美联储激进加息、战争以及能源危机恶化等因素影响，欧洲金融市场动荡，欧元和英镑持续下跌。这个时期，特拉斯政府宣布大规模减税计划无疑是雪上加霜。因为很多经济学家、银行官员、投资者都认为，大规模减税会提高赤字率和通胀率。且不论这种观点是否正确，有三个问题是特拉斯政府无法回避的：一是短期财政缺口如何填补？二是减税政策能否解能源短缺的燃眉之急？三是减税叠加家庭能源补贴导致消费品价格上涨怎么办？可以看出，特拉斯政府还没做好准备。

政策制定者的预期管理，是为了避免市场认知与政策目标背离。理论上，这个政策组合对经济是有利的，至少较长周期来看是有利的。但如果市场认知是相反的，预期变差，投资和消费信心下降，自然就会抛售英镑、国债和股票，甚至可能引发债务危机、英镑危机，这个政策组合也就相当于失败了。这就是凯恩斯的选美理论，索罗斯的反身性原理。一些经济学家批评，特拉斯政府推行减税计划的时机不对。

特拉斯政府需要与英格兰银行一起配合进行预期管理。英格兰银行正在实施紧缩政策，采取小步快跑的方式，截止到2022年9月已加息7次，基准利率上调至2.25%。但是，特拉斯政府触发英镑大跌，英格兰银行不得不发表紧急声明："鉴于金融资产的重大重新定价，英格兰银行正在密切监测金融市场的发展。"英镑大跌，通胀预期抬升，可能打乱英格兰银行的紧缩步伐，使其在下一次利率决议中大码加息。

实际上，特拉斯政府当前要做的是解决赤字和能源供给问题。英格兰银行的货币政策调整难度大，很难兼顾"保国债、保英镑和抗通胀"三重任务，央行不得不扭曲操作临时购债。这时，特拉斯政府切忌"捅马蜂窝"，对英格兰银行货币政策构成掣肘，陷入"大规模减税—赤字率飙升—通胀上升、英镑大跌—被迫停止紧缩，甚至转向宽松—通胀和汇率恶化—再次转向紧缩"的被动循环。

另一方面是防止经济政策政治化。

这种政策组合存在时滞性，需要一定的时间来呈现效果，在效果出现之前，经济会经历痛苦。从历史经验来看，尽管里根和撒切尔夫人的改革均获得成功，但是，他们均经历过"黑暗时刻"。1981年，里根和沃尔克的努力将美国经济推入大萧条以来的最糟糕的境地，这一年也被人们讽刺为"庸医之年"。撒切尔夫人通过出售国有资产和削减福利开支解决了短期的赤字难题，但是私有化带来的失业率飙升困扰着她。

从财政政策角度来看，英国政府将面临"里根时刻"，即大规模减税实施后的一段时间内，财政收入下滑，赤字率上升。如果政府债务能够挺过“里根时刻”，拉弗曲线自然显灵，经济复苏促进税基扩大，政府财政收入上升。里根执政期间，除了最艰难的1982年外，每年税收均在增长，累计税收为57500亿美元。

从货币政策来讲，英格兰银行将面临“沃尔克时刻”，即当经济衰退，尤其是债务风险上升时，还能否坚持紧缩政策。目前，美联储正进入“沃尔克时刻”的后半程，沃尔克附体的鲍威尔清楚，只有把通胀降下来，价格恢复调节功能，经济才能正常发展。英格兰银行当前需要坚定紧缩，力抗通胀和提振英镑。

在这个过程中，特拉斯需要防止务实的经济政策政治化，政策反复摇摆，导致预期混乱、价格波动和金融动荡，正如20世纪70年代大滞胀时期的美国。

综合以上，笔者认为，当前地缘政治危机对国际供应链的打击、新冠肺炎疫情和能源危机对欧洲产能供给的制约、市场化改革的空间不足以及政策缺失、宏观经济政策的预期管理失败、领导者意志品质及专业度欠缺，均不足以支持英国推行大规模减税叠加货币激进紧缩的政策组合，宏观经济无法承受但似乎又不得不承受这一“组合拳”。当然，这一判断同样适用于日本、欧元区、阿根廷、巴西等经济体。预感，全球“明斯基时刻”不可避免。

当政策组合被掣肘，甚至诱发危机时，暴力出清将不可避免。全球主要国家的宏观经济政策应该做更加充足的准备。

2022年，全球经济遭遇“双核冲击”，一些国家出现了债务风险，纷纷向国际货币基金组织求救。截至2022年8月底，IMF发放的贷款总额达到1400亿美元，高于2020年底和2021年的总贷款额，达到了创纪录的高点。国际货币基金组织承诺的总贷款额目前已超过2680亿美元，贷款余额逼近极限。亚洲金融危机期间，韩国面临外汇亏空风险，正是向国际货币基金组织求救才渡过难关。

笔者认为，可能会出现货币互换版的“新广场协议”，以缓解当前全球汇市的极端局面。当年，美联储主席沃尔克为了抗击通胀，大幅度提高了联邦基金利率，美元大涨，非美元货币纷纷大跌。1983年，当通胀下降后，沃尔克担心通胀反弹不愿意过度下调联邦基金利率。美元过度强势，导致美国的贸易逆差扩大，财政部融资成本很高，里根政府不满；同时，日本、联邦德国、英国等国家也难受，本币过度下跌，资本外流。1985年，里根政府的财长推动沃尔克与日本、联邦德国、法国、英国的财长和央行行长签署了稳定汇率的协议，也就是“广场协议”，目的是让美元贬值，其他四国的货币按计划升值。

现在的情况跟当时有点类似，美元过度升值，英镑、欧元和日元大贬值，全球股债汇及主要金融资产价格大跌。这种局面非常危险。如今，可以考虑通过央行间货币互换的方式（与“广场协议”的政策干预不同）增强汇市安全边界，一定程度上扭转战争及能源危机的因素过度削弱欧元、英镑的极端局面。

央行间货币互换是指两个主体在一段时间内交换两种不同货币的行为，目的是提供流动性支持，稳定汇率。美联储长期协议合作的央行有加拿大央行、英国央行、日本央行、欧洲央行、瑞士央行。2020年3月，美联储新增澳大利亚联储、巴西央行、丹麦央行、韩国央行等共计9家协议央行。当时，新冠肺炎疫情全球大流行，美元指数飙升，非美元货币大跌，市场出现美元荒，美联储与部分国家央行启动了货币互换协议，提供美元流动性支持。

日本央行上周宣布干预外汇，这是日本央行在1998年之后第一次干预外汇。日本央行手持美元资产超过万亿，有条件干预；而外汇不多的央行可以考虑通过货币互换来稳定汇价。目前，英国政府和英国央行合计外汇储备只有1825亿美元，可以考虑启动货币互换来拯救英镑。从另外一个角度来看，英镑没有那么糟糕，根据英国央行的有效汇率指数，英镑兑一篮子货币汇率仅下跌7%；按实际有效汇率计算，英镑汇率仅比10年平均水平低4%。在美元"一枝独秀"的时代，英镑的目标不是跑赢美元，而是不要落后于欧元、日元。

如果能够稳定外汇，那么资本外流会减少，这有利于货币互换国的股票、债券和房地产价格的稳定，也可一定程度上降低国际金融风险。

当然，这只是权宜之计。市场需要时刻准备迎接暴力出清。

参考文献

[1] 鲁迪格·多恩布什，斯坦利·费希尔，理查德·斯塔兹.宏观经济学（第十三版）[M].北京：中国人民大学出版社，2017.

[2] 本·伯南克.行动的勇气[M].蒋宗强，译.北京：中信出版集团，2016.

美元周期

2022年，全球经济正式进入紧缩周期，全球债务冰川断裂的声音渐行渐近。

每一次美元进入紧缩周期，新兴国家的货币都多会遭遇贬值压力，通胀让人民生活苦不堪言，而债务一旦爆雷，经济崩溃紧跟其后，这是“熟悉的、见过很多次的危机”。

这类周期性货币危机，与美元周期紧紧捆绑。

问题在哪儿？美元，还是新兴国家？新兴国家如何破除“诅咒”？

何谓“美元霸权”？

2021年4月间，“抛售外汇反抗美元霸权”的言论再次流行。支持者众，认为抛售外汇，减持美债，可打击美元霸权的嚣张气焰。当然，反对者也不少。

何谓“美元霸权”？美元扩张的根源是什么？对众人来说，外汇是相对陌生的领域。但是，只有理解外汇，才能真正理解一个国家的真实力量，也可以更好地理解新兴国家与美国之间的冲突所在。

本节从货币的角度分析“美元霸权”。

01
美元霸权与公共用品

一个国家持有的一切外币资产都可以称为外汇。当今，外汇主要是国家持有的美元、欧元与美债。一个国家的货币越受欢迎，说明这个国家的货币越可靠。就当前而言，美元依然是第一大国际储备货币，全球不少国家储备美元来发行货币。换言之，很多国家的货币都是以美元的信用为锚。

如果美元宽松，这些国家的货币也必须跟随宽松；如果美元紧缩，这些国家的货币也必须跟随紧缩。只是宽松与紧缩的力度有所差异，否则就容易引发外汇波动风险。如果美元崩盘，定然殃及这些国家的货币。

问题来了，美元是否存在霸权？

霸权说者认为，每次美元宽松都水淹全球市场，收取巨额铸币税；每次美元紧缩，都引发新兴国家的债务危机和货币危机。这是最为流行的说法，能不能用来论证美元霸权？

这是一种渲染着民族主义情绪的说法。首先，美元大水漫灌肯定是有问题的，具体问题下面分析。但是，正如笔者在本书中所分析的，如拉美债务危机、亚洲金融危机、俄罗斯危机、土耳其危机、委内瑞拉危机的根本原因都在新兴国家自身上，这些国家的货币超发规模及政府负债率远超过同期的美国。

美元是否存在霸权，不能简单地以此来判断，我们需要理解美元及其信用货币的本质。美元到底是私人用品，还是全球公共用品？

假如美元是私人用品，美联储是一家以营利为目的的私人银行，那么美元的宽松与紧缩都是正常的市场行为，任何个人、企业及政府都有随时购买美元或抛售美元的自由。好比你刚买了某地产商的一套新房，一个月后第二期开盘，供应规模大增，八折促销。这时，你可能会感到气愤或沮丧，你可以继续持有或抛售，或将该地产商列入黑名单，但无法反悔（除契约约定外）。

很多人支持这种观点，认为美元作为“世界货币”的地位是国际货币市场竞争的结果。当美元扩张时，手上的外汇贬值，可继续持有，也可抛售，还可永远放弃对美元的购买。

在1982年拉美债务危机中，拉美国家普遍采取钉住美元的固定汇率，同时大量借入美债。美元升值，危机爆发，“锅”是美国的吗？如今全球外汇基本实现了市场化，美元的地位是国际货币市场竞争的结果，这是美元市场化的部分。但是美元不完全是市场化的产物，因为美元不是私人用品，而是一种公共用品，一种全球性的公共用品；美联储也不是一家私人银行，而是一家由私人股东组成的公共机构。

以前的金属货币和商品货币，如黄金、白银、贝壳、食盐、石币，是自由市场竞争出来的结果。但是，信用货币是由国家集体意志确定的公共契约，是法定货币，具有法偿性。在法定货币面前，交易者没有自由选择权。在中国交易必须使用人民币，在美国必须使用美元。如果你要去美国旅游或投资，你不得不购入美元，除此之外别无他法。国家垄断了货币。我们不能说战争的胜负是自由市场竞争的结果，同样我们也不能说货币的地位是自由市场竞争的结果。

所以，美元以及任何国家的法定货币都具有公共属性，都是国家信用的核心。扩张或紧缩美元的行为不仅是一种市场行为，也是一种国家的公共行为。

我们再看美元是否存在霸权。

霸权是建立在操控基础上的非正义行为。在自由市场中，降价、涨价、缩减产能、增加供应，都具有正当性。但是，在国家层面，行为的正当性不容易判别。

比如20世纪60年代美元贬值，法国政府抛售美元，美国政府则以减少欧洲防务经费相威胁。美国是非正义的，还是法国是非正义的？表面上看，美国政府以军事力量相威胁，迫使法国政府持有美元，这是一种霸权行为。但是，当时的货币体系是布雷顿森林体系，美国、法国及主要成员国约定共同维护美元与黄金的固定比价，法国政府主动抛售美元属违约在先。

从经济学的角度来看，外部性是行为正当性的判断标准。如果个人行为导致负外部性，给他人带来损失，如工厂生产污染农民的农田，那么这种行为就是非正当性的。如果国家的军事行动侵占他国领土，这种行为就是非正义的霸权行为。

但是，美元的行为要比军事行动复杂得多。还以拉美债务危机为例，1982年美联储主席沃尔克大幅度提高美元利率，诱发了拉美债务危机。这是不是美元霸权？从动机的角度是难以判断的。美联储当时首要任务是治理通胀，所以普遍认为，沃尔克大幅度提高利率的动机是遏制国内通胀，而不是狙击拉美国家。但是，当时美国一些经济学家，如蒙代尔，预期到拉升美元利率会使拉美国家岌岌可危，国际资本回流美国；联邦财政部斯托克曼领导的预算部门还建立了预测模型。换言之，不能排除美联储有引发拉美债务危机促使资金回流的动机。

如果说蒙代尔、沃尔克的动机不是狙击拉美国家，只是“蒙对”了，那么在后来无数次美元宽松—紧缩行动中，美联储已轻车熟路。最近几十年，每次美元宽松，都会导致大水漫灌全球市场。尽管有些新兴国家比美联储更有动力扩张货币，但各主要国家除了跟随也别无选择。每当美元紧缩时，有些新兴国家就会反复爆发债务危机和货币危机。美联储对此过程已颇为熟悉。

如上所述，主要问题还在新兴国家自身。但美联储有没有拉爆新兴国家的债务，促使美元回流，加速国内经济复苏的动机？这是无法判断的。所以，从自由市场的角度，美元不存在所谓的霸权一说，顶多是“滥用市场支配地位”。但是，美元不是私有用品，是公共用品。美联储的行动是国家行为。在全球化时代，国家主权被弱化，国家行为受到国际市场的约束。反过来，过激的国家行为也可能引发国家冲突。比如，美国政府在大萧条期间单方面提高关税，在1971年宣布美元与黄金脱钩，这些行动都会对他国造成冲击。

那么，能否抛售外汇对抗美联储的“国家行为”？

02 抛售外汇与公共费用

如今的经济领域，贸易和金融已走向全球化，而法定货币还是国家化的，这就容易产生权责利冲突。美元的铸币权影响全球市场，但是美联储不需要对全球市场负责，只需对美国公民负责。很多人批判美联储不负责任，只考虑美国的通胀、就业与金融稳定而放水或紧缩，不管国际市场洪水滔天。

但是，只看权与责不对等还不够，还要看利。美元是公共用品，而且是全球性的公共用品，美联储不以美元来营利。那么问题来了：谁来承担美元的公共费用？

在金本位时代，货币的费用是真金白银。1844年的《皮尔条例》规定，英格兰银行发行部必须持有1400万英镑证券以及贵金属，才能发行等额银行券。如今的信用货币也并不只是“一张纸币”，支撑信用货币需要大量的费用，这费用属于公共费用。如果公共费用不足，即便是法定货币也会贬值。法定货币的公共费用来自哪里？

法定货币的公共费用由本国的纳税人承担。在一个封闭的国家，央行只需要找到本国最可靠的资产作为抵押资产发行货币。这是一种交换关系，纳税人不需要支付太多的费用。同时，任何国家的货币，一旦转化为资本，都可以带来收益——商业银行发放信贷获得利息收入。不过，私人商业银行的资本收入属于私人收入，只有纳税部分才属于公共收入。

在全球化时代，各国货币相互竞争，各国央行都在寻求更优质的资产来提升本国货币的信用。而优质的资产则需要付出公共费用。

在一些新兴国家，本币以美元为资产发行。美元从哪里来？要不来自出口创汇，要不来自政府对外借债。外汇是纳税人创造的财富，政府外债最终也是由纳税人来偿还。如果外汇不足，或本国没有可靠的信用资产，本币就会贬值。

纳税人为本国的法定货币支付费用没有太多争议。如果国际市场大量使用本国法定货币，本国人要为此付出大量的公共费用，就容易引发冲突。美元就属于这种情况。

国际贸易、投融资以及外汇储备都大量地使用美元。2020年，美元在国际贸易支付中的比重为87%，在世界各国外汇储备中的比重为60%左右。美元是世界的美元，但是美元的费用谁来承担？

美元的信用资产主要是美国的国债。大量国债可以为美国带来强大的军备，也可以给低收入家庭发放更多的福利，但是最终由美国纳税人买单。国际市场需要的美元越多，美国政府就必须发行越多国债，纳税人就需要承担越多的美元费用。美国人愿不愿意？

很多人感觉到奇怪，美元给美国人带来这么多好处，为什么还不满？美国愿不愿意让美元成为“世界货币”？当然愿意。中国愿不愿意让人民币成为“世界货币”？也很期望。为什么？

因为一旦成为“世界货币”，商业银行向全球发放贷款，可以获得大规模的资本收入。事实上，美国的商业银行“出口”美元赚取了大量利润。这相当于美元资本化的收益（属于私人收入，不是公共收入）。

不过，大部分人的野心不止于此。世界货币意味着“印钱就可购买全世界”，每个国家都想在全球收取铸币税，这是极为朴素而危险的道理。全球铸币税的本质就是平摊“世界货币”的公共费用。美国倾向于扩张美元，让全球共担美元的公共费用。为什么扩张美元相当于分摊了美元的公共费用？一是“出口”美元，扩张的美元可以在全球购入更多资产；二是美元贬值相当于稀释了他国的外汇财富；三是美元利率下降，可以降低美债的利息成本。如今新兴国家持有大规模的美债，美债的利息极低，这相当于美元的公共费用大量分摊给了这些新兴国家。

美元的问题，不是霸权的问题，而是全球公共用品费用的问题。对这个问题，笔者在《国际秩序》一书中将其定义为“新金德尔伯格陷阱”。本质上，这是经济全球化与法定货币国家化之间的冲突。

美元作为全球公共用品的费用问题，一直以来都没有一个理性的解决方案，这导致世界陷入“囚徒困境”。美联储倾向于扩张美元，减轻债务负担，分摊美元费用。但是，这么做相当于透支了美元的信用。美元扩张，政府债务也扩张，美国的债务规模反而更大，货币信用更差。新兴国家倾向于机会主义，不愿意承担美元的费用，但屡屡在大水漫灌中受损，它们试图摆脱美元的“诅咒”，但又无力摆脱。而美联储为了稳住美元的地位，乐于见到新兴国家在美元紧缩时爆发危机。这是一个走向“双输”的方向。

这时，美元费用问题就容易被解读为美元霸权问题。如果抛售美元打击美国，就相当于“新金德尔伯格陷阱”演变为“囚徒困境”，然后恶化为国家冲突。

抛售美元，根据目的和程度不同，可以分为市场行为、国家博弈与国家冲突。在美元宽松时，新兴国家的央行考虑到美元贬值风险适当减持美元，稳定外汇投资收益，这是国际货币市场竞争的结果，正如华尔街金融机构做空美元一样。按这个逻辑，当前美元流动性正逼近拐点，正是增持美元的时机。如果是国家行为，抛售美元与美国博弈，给美联储一些压力，不能让美元过度贬值，这也无可厚非。事实上，每次美元进入宽松周期，美元在国际外汇储备中的比重都会有所下降，这属于市场竞争与国家博弈的结果。

但是，如果战略性、大规模抛售美元，就容易引发国家冲突，相当于爆发金融战，好比一个国家禁止采购另一国的农产品而引发贸易战。2014年克里米亚危机爆发后，美欧对俄罗斯实施经济制裁，俄罗斯全面抛售美元加以报复。俄罗斯本就没有多少外汇储备，经济制裁使石油价格下跌，石油创汇更少，俄罗斯干脆抛售美元。而抛售美元的结果是爆发卢布危机，卢布失去了足够稳定的信用锚，外汇价格大幅度贬值。新兴国家若战略性、大规模去美元化，就要做好与美国爆发国家冲突的准备，正如美国与俄罗斯之间的斗争。

03 世界货币与自由货币

如今，外汇的使用与流通决定着全球化利益格局与国家关系。

首先是外汇使用权的问题。如果是结汇制度，国家持有外汇，不是民间持有外汇，那么外汇的使用属于国家行为。国家战略性、大规模抛售外汇，相当于对美国发动金融战争。这时，决策者需要慎用外汇权，如何使用外汇影响着国家关系，甚至影响着全球化经济结构。

如果大部分美元外汇用于购买美国的国债，那么大量美元就会回流到美国金融市场，刺激债市和股市繁荣，这是美国华尔街巨头、跨国公司以及建制派愿意看到的。

如果美联储扩张美元，跨国公司持有更多的廉价美元投入新兴国家，就会有更多的商品出口到美国，新兴国家得到更多的外汇继续购买国债，华尔街巨头、跨国公司没有承担美元扩张的费用，反而得到了“龙王精准降雨”的好处，所以他们支持拜登继续维持这种美元回流的全球利益链。

但是，这种全球利益链是失衡的。大量外汇购买了美国国债，少量外汇购买了美国商品，这导致两国经常项目失衡，美国长期逆差，新兴国家长期顺差。同时，本土的制造企业及工人没有享受到美元作为“世界货币”的好处，反而还主要承担了美元扩张的公共费用。

如果大部分美元外汇用于购买美国的商品，那么美国出口就会大量增加，制造业及农业兴旺，这是美国本土制造企业、工人、农民及中产家庭愿意看到的，所以他们支持特朗普打破原有的美元利益链的尝试，增加美元外汇对美国本土制造商品及农产品的采购。

所以，当外汇的使用权归属国家时，外汇的使用变成了国家行为，过度使用外汇如抛售外汇容易被政治化。最理性的选择是避免将此上升到国家冲突的层面。

那么，该怎么办？

人类社会探寻到两条解决冲突之道：一是集体行动的国家制度；二是自发秩序的自由市场。

相比个人、部落、城邦，国家制度是一种更有效率、更文明的存在。国家制度最大的发明是创建了公权力，国家通过公权力垄断暴力，结束了泛滥的私人战争。

近代社会，自发秩序的自由市场是抑制或消灭国家战争的重要路径。自发秩序的逻辑是，让更多权力与资源回归个人，让个人去发挥、去创造、去生产、去交易。更多的资源与个人进入国际市场自由竞争，更有利于国家之间的和平与稳定。在外汇非国家化的国家，外汇由市场自由支配，是买美国的国债、地产、股票、农产品、商品、服务，还是买阿根廷的牛肉、法国的红酒、意大利的石头，都是由每一个市场个体决定的。即便美国还是存在贸易逆差，由于每一个人的自由选择都具有正当性，不会引发国家行为的冲突风险。

通常，外汇的市场化、自由化可以抑制经常项目失衡。如果美国的汽车价格下降，会吸引更多人进口美国的汽车，这是价格机制在起作用。有些家庭愿意进口优质的奶粉和药品，这是供给机制在起作用。同时，浮动外汇还可以抑制本国货币超发以及通货膨胀，这是基于弗里德曼的浮动汇率和货币政策独立性学说。

当然，与弗里德曼针锋相对的是蒙代尔，他主张固定汇率和世界货币。为此二人曾有过精彩的辩论。蒙代尔主张固定汇率，似乎受金本位的影响，他认为汇率稳定是至关重要的。根据他的不可能三角理论，如果坚持固定汇率，那么就必须在货币政策独立性和资本自由流通中二选一。如果选择资本自由流通，那么货币政策的主要作用就是服务于外部市场均衡，即维持固定汇率。这好比将全世界的法定货币都捆绑在一起，类似于布雷顿森林体系。沿着此思路下去，很自然就会推导出世界货币。所以，蒙代尔的货币主张是超国家概念的世界货币。支持世界货币的理论是他在1961年提出的最优货币区理论，这个理论最终促成了全球第一个区域货币——欧元的诞生。

蒙代尔的最优货币区理论是解决世界货币的公共费用问题的重要路径。比如上述我们提出美元的公共费用问题，蒙代尔的思路是把美元给“解决”了，将所有法定货币变成一个或多个区域货币，所有人共同为此支付费用。

但是，蒙代尔的“超国家概念”的世界货币，并不是去国家化，而是寻找一个更大的“国家”。欧盟就是这个更大的“国家”。蒙代尔的货币主张延续的还是国家权力思维，依赖于更强大的中央银行。然而，与超国家的中央银行相匹配的是超国家的中央财政，中央财政的弱化是当前欧元的主要问题所在。笔者相信，融合是必然的，但融合的关键力量不是权力集中的国家组织或者超国家组织。

根据蒙代尔不可能三角，在固定汇率下，如果选择货币政策独立性，那就意味着要实施资本管制，这反而会强化国家力量对金融市场的管制。金融管制相当于构筑了金融高墙，大规模的外汇表面上构筑了足够宽的护城河，然而这种管制下的安全反而是更大的危险。外汇占款带来的货币超发会引发资产泡沫，形成可怕的“堰塞湖”。资产泡沫让个人立于高泡沫、高债务的危墙之下。

浅层次的市场化是利率自由化、汇率自由化，将更多的货币铸币权下放到市场，回归到自由交易与竞争的正当性上。在开放经济体中，汇率是浮动的，资本可以自由进出，本国资产，如股票、国债，由国际市场来定价。这类优质资产是相对可靠的，可以作为本国货币的信用资产。如此，开放性国家的官方不需要储备巨额的外汇。

深层次的市场化是货币供应的市场化，货币属性去公共化。回到美元霸权这个话题，人们之所以认定或怀疑美元霸权，是因为美元不是私人用品而是公共用品，美联储的行动是国家行为。解决这个问题最佳的办法是，美联储将货币发行权下放到商业银行。商业银行以土地、房地产、股票、国债为抵押对外提供贷款，然后用国债等可靠资产向中央银行换取等值的“负债证明书”，即可发行货币。美联储负责制定货币发行的制度以及进行金融监管，商业银行负责供应货币，让信贷市场和外汇市场决定货币的价格。

美元作为世界货币的公共费用问题也得以解决。中央银行不能作为营利性部门，但商业银行是专营货币与信贷的营利性部门，商业银行赚取了货币转化为资本的全部收益，理应成为货币费用的真正承担者。商业银行可以在自由竞争中权衡费用、利润与风险，经营货币信用。

如此，美联储没有权力扩张货币，更没有动力行使美元霸权。这就是解决所谓“美元霸权”的根本逻辑。法定货币自由化还不够，还要打破法定货币的垄断地位，让私人货币与之平等竞争与被监管。这种货币制度，笔者称为自由货币。

然而，全球经济债务化，债务货币化，货币政治化，这是如今问题的症结所在。

参考文献

[1] 沃尔特 · 白芝浩.伦巴第街[M].刘璐，韩浩，译.北京：商务印书馆，2017.

[2] 查尔斯 · P.金德尔伯格.1929—1939年：世界经济萧条[M].宋承先，洪文达，译.上海：上海译文出版社，1986.

新兴国家濒临货币危机

2021年3月，土耳其里拉崩盘。

里拉崩盘引发土耳其金融地震。土耳其伊斯坦布尔100指数一度暴跌触发熔断。债券价格崩盘，土耳其10年期国债收益率单日大涨17.25%，创下历史最大涨幅。

土耳其濒临国家信用危机。这种节奏极为熟悉，就在2018年，土耳其里拉也遭遇崩盘，并引发股债楼"三杀"。记得当时美国经济学家克鲁格曼评论说："土耳其债务危机是一种典型债务危机，是我们很熟悉的、见过很多次的危机。"

自1982年拉美债务危机开始，每一次美元（预期）进入紧缩周期，新兴国家的货币都会遭遇贬值压力，甚至引发货币危机和债务危机。过去的典型是阿根廷，如今是土耳其。周而复始，屡崩不止。这就是克鲁格曼所说的"熟悉的、见过很多次的危机"。

土耳其里拉崩盘只是个开始，如今，美元正在进入流动性拐点，新一轮紧缩周期的预期越来越强，俄罗斯、巴西、阿根廷、印度尼西亚、印度等会遭遇何种命运？中国会受到怎样的冲击？新兴国家上空为何会一直高悬这把"达摩克利斯之剑"？

本节从经济学的角度分析新兴国家的周期性货币危机。

01
周期性危机

1982年8月，墨西哥率先宣布无力偿还外债，随后几个月其他拉美国家跟随，拉美债务危机爆发。

这次债务危机击垮了拉美国家的金融系统，货币、股市及债市崩盘，爆发恶性通胀。1984年，墨西哥比索兑美元汇率只相当于1980年的10%，而阿根廷比索的汇价仅相当于1980年的1‰，巴西与阿根廷国内的通胀水平最高分别达到5000%和20000%。

这到底是怎么回事？

这事儿还得从1971年的布雷顿森林体系解体说起。布雷顿森林体系解体后，世界开始进入信用货币时代和浮动汇率时代，但为了维持汇率的稳定，拉美国家沿袭了布雷顿森林体系的惯例，普遍采取钉住美元的外汇制度。

这种固定的外汇制度是有风险的，它好比与博尔特赛跑，博尔特加速时，就是美元紧缩时，你得跟得上，而跟不跟得上，主要看外汇净储备，根本上取决于经济实力。港币与美元是锚定的，港币能够跟上美元的节奏，但是拉美国家的货币就不一定了。

20世纪70年代美国遭遇了持续的滞胀危机，美元贬值，相当于放慢了奔跑的步伐；同时，石油等大宗商品价格上涨，拉美国家出口创汇规模较大，能够跟上美元的脚步。但是到了1982年，美联储主席沃尔克将联邦基金利率提高到20%以遏制通胀，结果美国的通胀是下去了，却直接击溃了拉美国家的货币市场。

为什么呢？

美联储提高利率，美元快速升值，进入紧缩周期。拉美国家的货币钉住美元也必须跟着快速升值，能否跟得上取决于国内是否有足够的外汇净储备。这时，这些国家囊中羞涩，没有足够的外汇顶住币值上行压力。美元升值导致大宗商品价格下跌，拉美创汇能力被削弱。

更重要的是，20世纪70年代，拉美国家欣欣向荣，大举外债，扩张财政，刺激经济。到了1982年，拉美国家的外债总额是1970年的14倍，达到3153亿美元。当时，拉美国家的外汇净储备是负数，严重亏空。

为什么拉美国家会借这么多外债?

当时布雷顿森林体系刚解体，很多人还不清楚新的信用货币怎么玩。信用货币以国家信用为锚，当时包括花旗银行在内的美国金融巨头都认为，国家不会破产，大肆地向拉美国家提供信贷。结果，花旗银行在这场拉美债务危机中遭遇重创。这在沃尔克的回忆录中得到证实。

拉美国家手持大规模的短期外债，这些外债的利息是按浮动利率支付的。沃尔克大幅度提高利率，拉美国家的外债负担急剧增加，政府无力偿付，引发货币危机和债务危机。

这里的逻辑是，信用货币的信用锚是外汇净储备，债务违约意味着外汇净储备为负，货币信用崩溃，货币对内对外大幅贬值，外汇崩盘，通胀爆发，同时以本币计算的资产价格，如股票、房产的价格也崩盘。

1982年拉美债务危机持续多年。1986年美联储又开启新一轮的紧缩，拉美债务危机持续恶化。1986年底，拉美国家债务总额飙升到10350亿美元。随后，美国联邦政府及美联储启动了布雷迪计划，减免了部分国家的外债，近40个拉美国家及新兴国家的债务获得重组。

历史数据表明，每当美元进入紧缩周期，新兴国家都会爆发类似的货币危机或债务危机。

到90年代，拉美国家才稍微从债务危机中缓过来。然而，1994年美联储连续6次加息，联邦基金目标利率由3%上升到了5.5%。墨西哥比索又大幅贬值，外资加速外流，经济增速断崖式跌入负数。墨西哥危机很快传递到其他拉美国家，拉美债务危机再次爆发。这就是龙舌兰酒效应。①

此后，1997年的泰国（亚洲）金融危机，2001年的阿根廷债务危机，2015年的俄罗斯卢布危机，2018年土耳其及新兴国家的货币危机，都与美元紧缩周期直接相关。

2018年美元进入快速紧缩通道，连续四次加息。阿根廷、土耳其、俄罗斯、巴西及其他新兴国家均遭受不同程度的冲击。到2018年9月，阿根廷比索对美元下跌超过50%，土耳其里拉贬值近40%，巴西雷亚尔跌幅超过20%，这三个国家的主权货币贬值幅度之大已经可以定义为货币危机。南非兰特、俄罗斯卢布、印度卢比、智利比索贬值幅度均超过10%，印尼盾贬值超过9%，中国人民币贬值超过5%。

在这波危机中，最严重的是土耳其。土耳其里拉崩盘引发金融连锁反应，外债还本付息负担加重，债市风险急速增加，国家财政赤字进一步恶化，进而引发外债市场危机。同时输入性通胀加剧，

---

① 龙舌兰酒效应是指1994年墨西哥金融危机。自20世纪90年代以来，随着金融全球化的不断发展，某一个国家或者一个地区的金融形势出现动荡，甚至是陷入金融危机以后，会产生传染效应。

物价快速上升，通胀风险加剧；国内资金外逃，资本账户融资受限，房地产资产泡沫被刺破，陷入崩盘危机。土耳其最终陷入全面金融危机，汇市、债市、楼市都未能幸免。

这场危机之所以没有在新兴国家继续发酵，是因为2020年暴发了新冠肺炎疫情。新冠肺炎疫情逆转了美联储的货币政策，美元大规模扩张，相当于放缓了奔跑的步伐，新兴国家缓了一口气。问题是，大疫之年，很多新兴国家放水比美国更加迅猛，反而加重了新兴国家货币的脆弱性。2021年随着疫苗的快速普及，美国经济复苏，美联储加息的预期得到强化，美元升值，新兴国家货币再次面临贬值压力。这场正在靠近的货币危机，其实是2018年的延续。

每次全球性大放水后，新兴国家都会遭遇一次不同程度的货币危机或债务危机。这种趋势会日渐明显，因为每次全球性宽松周期，新兴国家放水都更加凶猛，更加透支本国的货币信用，货币和债务更加脆弱。

过去40年，这种周期性危机如悬在新兴国家上空的“达摩克利斯之剑”。

问题出在哪儿？

02

债务型经济

有人说，问题在美元，美元在全球“割韭菜”。

美联储当然有责任。美元是全球最主要的国际结算货币和储备货币，美元扩张，新兴国家不得不跟随。美元是国际金融的基石，但美联储不需要对国际金融稳定负责，这是责权不对等。当年布雷顿森林体系解体后，美国财长康纳利在七国财长会议上说了一句：“美元是我们的货币，却是你们的麻烦。”这句话让各国财长很不舒服，也让身边的沃尔克很尴尬。后来，沃尔克担任美联储主席后考虑过将维护国际金融稳定纳入美联储职责。但是，这是有争议的。核心的问题是谁为美元买单。美元不是绝对市场化的产物，它是一种全球化的公共用品，支撑这种公共用品的信用需要支付大量的费用。这个费用谁来支付？美元的国际用户及他国央行不愿意支付，美国纳税人不愿意支付。美联储扩张美元，让美元贬值，其实是让全球共同担负这一公共费用。

美联储的真正问题是一次又一次地打开经济干预的魔盒。但将问题聚焦到新兴国家，美元只不过是一个外在因素。假如没有美联储，新兴国家会不会放水？更直接的问题是，每一轮美元紧缩，为什么发达国家不会爆发周期性危机？

所以，根本问题还在新兴国家自身。

有人说，新兴国家金融制度有问题，比如固定汇率制度。金融制度对金融安全来说是很关键的。如果一个国家的经济力量不足，本币又强行钉住美元则容易被后者拖垮。如今，新兴国家的货币制度有钉住美元的固定汇率，也有自由浮动汇率，也有管制性浮动汇率，但是不管哪一种制度，开放性的也好，非开放性的也好，危机的逻辑是不会变的。货币危机是否爆发，取决于货币是否具备足够的信用资产支撑相应的货币规模。

货币的信用资产是什么？就是央行资产负债表中的资产。新兴国家货币对应的资产，一般包括外汇和本国资产（国债、股票）。

外汇是最硬核的资产，其中美元、美债依然是最值得信赖的金融资产。外汇主要靠出口创汇，经常项目盈余多的国家，外汇比较充足，有助于维持货币信用稳定。相反，不少新兴国家外汇赤字严重，不得不大举外债来填充信用资产。尤其在美元宽松周期，新兴国家不得不扩张货币。如果不扩张货币，本币就会升值，贸易赤字更加严重。事实上，一些新兴国家在大放水时期更有动力扩张货币。但是，扩张货币需要外汇，这些新兴国家趁美元利率低时大举外债以扩张货币，如此，外债负担就会大幅增加。土耳其、阿根廷、南非、智利、印度尼西亚就是这种情况，它们的外债占GDP比重都超过30%。

我们还以土耳其为例。2008年金融危机后，土耳其的经济表现感觉还不错，但其实隐患重重。在过去全球大放水的时期，土耳其乘机借了很多廉价美元和欧元。2010年初，土耳其的私有和上市银行总计有外债1750亿美元，几乎全部都是美元或者欧元债务。2018年第一季度，这一数字达到了3750亿美元，而且其中1250亿美元还是短期债务。以当时的汇率计算，这些债务的规模就已经相当于土耳其年度经济产出的大约44%，而以2018年汇率计算，这一比例更是接近80%。

大规模的外债支持土耳其大肆扩张里拉，里拉超发刺激经济增长，但是通货膨胀和房地产泡沫随之高企。从2003年到2020年，土耳其的M2增加了20多倍。埃尔多安执政后，土耳其M2的年平均增速达到23%，远远超过中国。大规模的货币推动土耳其房价和物价疯涨。

可以看出，土耳其的经济、股票、房地产都是由扩张的本币里拉支撑的，而里拉又是由大规模的外债支撑的。美元一旦进入升值通道，土耳其就会面临双重压力：一是美元利率上升，外债负担加重，举债能力减弱，容易引发兑付危机；二是里拉贬值压力增加，没有足够的外债支撑里拉价格。土耳其现在的情况是外债还没有违约，但已无力维持里拉的价格，里拉持续贬值。如果外债出现偿付危机，那么债务危机和货币危机将同时爆发，出现系统性金融危机。

如果不使用外汇，而是使用本国资产，即不对外举债，而是对内举债，央行采购国债作为信用资产，是否可行？

当然可以，但前提是本国资产（国债）必须可靠。如何判断本国资产是否可靠？最简单的办法是国际定价。如果金融是开放的，本国的土地、股票、房产都经过国际市场的定价，这些资产通常比较可靠。央行可以采购国内资产发行货币，不需要持有大规模的外汇来构筑防火墙。比如，日本是一个开放性国家，日本央行就采购了很多本国股票和国债。当然，这并不是说，日本无底线地量化宽松不会出问题。

有些新兴国家的金融不是开放的，他们对内举债，央行采购国债，政府扩张国债融资。如果债务偿还压力大，政府可以向央行融资，以避免爆发债务危机。这就是财政赤字货币化。

为什么美国可以财政赤字货币化？原因主要有两点：一是美元是“世界货币”，二是美国是开放经济体。但即便如此，美国的财政赤字货币化在逻辑上也是不可持续的。

开放型经济体几乎是发展的唯一选项。融入大海，看似更危险，其实更安全。在开放型经济体中，国际市场更有助于抑制新兴国家的大肆举债、资产泡沫以及通货膨胀。在内陆湖中，看似常年平静，实则暗藏风险。

所以，根本问题还是本国泡沫性的经济。土耳其的经济是一种货币现象，土耳其的经济增长是一种外债拉动型的经济增长。这种经济是脆弱的，经不起任何外溢性风险，利率稍微上涨，他们便会因无力偿债而破产。这类新兴国家的货币都是劣质的，货币支撑的整个经济体都是脆弱的，经不起任何加息风声（预期）。

如今，在新兴国家，冰川断裂的声音渐行渐近。

03
滞胀式崩溃

所谓春江水暖鸭先知，货币政策最敏感的是价格，如债券价格下跌，物价上涨。

美元每一轮紧缩周期临近，新兴国家的通胀率都蠢蠢欲动。受货币潮水的冲击，原本土耳其的通胀率就不低，2021年2月，土耳其消费者价格指数同比大涨15.61%。为了抑制通胀，土耳其央行在3月18日宣布加息，利率上调到19%。这次加息力度远超市场预期，土耳其总统罢免了央行行长。而最近两年多来，土耳其总统已撤换了三任行长。

除了土耳其，我们看其他新兴国家的通胀率数据。2月，巴西通胀率为5.2%，俄罗斯通胀率为5.7%，印度通胀率为5.03%。

为了抑制通胀，巴西央行2021年3月开始加息，将利率上调到2.75%。这是巴西央行自2015年7月以来首次加息。俄罗斯也在同时加息，将基准利率上调到4.5%。这是俄罗斯自2018年底以来首次加息。

为什么每次美元进入紧缩周期，新兴国家都面临通胀压力？

很多人认为，这是输入型通胀，但是这种理解并不完全准确。输入型通胀一般有两个传导途径：

一是国外原材料价格大涨。比如1973年石油危机时期，美元下跌，石油大涨，美国和日本进口高价石油，推高了国内产品价格。这种属于短期的成本推动型通胀，不是真正意义上的通胀。

二是货币传导。若一国大规模出口创汇，外汇转化为本币，导致货币超发，引发通胀。

那么，美元预期进入紧缩周期时，是否会启动或加速这两种通胀传导？

美元升值，大宗商品的价格会回落，不会引发第一种输入型通胀。美元升值，新兴国家的货币贬值压力增加，有助于刺激出口，创汇能力增强，这时可能出现一定规模的输入型通胀。但是这种输入型通胀不可持续，随着大量美元采购本国商品，商品的价格或本币的币值会就上升，进而削弱创汇能力。

这时，真正发生通胀的新兴国家，并不是创汇能力强的国家，而是经常项目赤字严重的国家。换言之，这些国家基本上没有输入型通胀。比如，土耳其2021年通胀大爆发，并不是因为里拉贬值刺激出口创汇，引发输入型通胀。

那么，通胀来自哪里？

通胀来自货币信用资产危机。通胀的真实含义是货币贬值。货币贬值的根源有两种：一是货币超发，地面上盖得房子太高；二是货币信用资产危机，地下的基础不牢固。

在大放水的宽松周期，货币超发往往引发通胀和资产价格泡沫。但是，当美元预期进入紧缩周期时，新兴国家的通胀主要来自货币的信用资产危机。2021年土耳其央行将利率提高到19%，与2020年相比，流动性大大下降，但是通胀却大幅飙升。放水减少，通胀不止，问题出在地基上，即里拉的资产信用遭遇危机。

土耳其借了很多外债，里拉的信用建立在沉重的外债之上。美元紧缩预期增加，市场利率上升，土耳其的外债负担加重，市场担心爆发债务危机，里拉迅速贬值。这就好比一家公司如果出现债务危机，其股票价格就会大幅度下挫。新兴国家的通胀主要是货币的地基出了问题，越是外债负担重的国家，货币信用越脆弱。每一轮美元升值，货币贬值最快、幅度最大的都是外债率高的国家，这些国家的通胀率也是上升最快的。

当然，国内负债率高、外汇储备不足的国家也同样会遭遇货币资产信用危机。如果美元升值，这类新兴国家的货币政策面临两难：如果紧缩货币跟随升值，那么国内负债率高企，可能爆发债务危机，同样打击货币信用，导致本币贬值，引发通胀；如果不跟随美元升值，货币对外贬值，则引发资本外流，打击国内经济，国内资产面临重新定价风险。

所以，美元升值击穿了新兴国家的货币信用，引发了货币危机，进而引发通货膨胀，使新兴国家经济陷入高通胀、高失业与萧条。这就是滞胀式崩盘。

总体来说，货币信用越脆弱的新兴国家，通胀压力就越大，他们不得不提前做准备。土耳其、巴西、俄罗斯2021年已经加息，货币提前进入紧缩周期。多数新兴国家则会采取跟随策略，预计2022年至2023年都会跟随美联储进入加息通道，只是步骤与幅度因国而异。

土耳其崩了，新的一轮周期又开始了。

斯里兰卡为何“爆雷”？

俄乌冲突之下，全球第一个“爆雷”的国家已经出现。当地时间2022年4月1日，斯里兰卡总统戈塔巴雅宣布该国从4月2日起进入公共紧急状态。

“除了雪，斯里兰卡什么都有”，这个被誉为“光明富庶的土地”的岛国，如今正在经历一场1948年独立以来最严重的经济危机：汇率崩溃、通胀高企、债务爆雷。早些时候，国际信用评级机构惠誉将该国的主权信用评级下调至“CC”级。斯里兰卡经济学家萨瓦南坦（Muttukrishna Sarvananthan）坦言：“理论上而言，斯里兰卡已经破产。”

2019年恐怖袭击后，斯里兰卡经济开始陷入困境，接着又遭遇新冠肺炎疫情重创。2022年，俄乌冲突引发的能源危机成为压垮斯里兰卡的最后一根稻草。当地没有足够的外汇进口昂贵的石油，生活燃料短缺，每天停电超过10小时，民众只能抢购木材生火，被迫回到柴火时代。

糟糕的是，这场经济危机正在引发人道主义危机。岛上生活必需品严重不足，食品短缺，物价大涨。这个只有2200万人的国家，已经有超过50万人陷入赤贫，面临饥饿和营养不良的威胁。民众对政府无力解决能源及物资短缺极为不满，全国多地爆发了抗议活动，示威者要求总统及其亲属下台。

经济危机爆发，国家濒临破产，社会动荡蔓延，人道主义灾难迫在眉睫，这颗“印度洋上的明珠”沦为“印度洋上的泪滴”。2022年，全球货币进入紧缩时代，根据历史经验，一些国家可能遭遇债务（货币）危机，斯里兰卡只是个开始。加上俄乌冲突引发的能源和粮食危机，正在威胁世界上最脆弱的那群人的生存，这将是一场严峻的全球人道主义灾难。

本节以斯里兰卡为案例解析国家主权债务危机的成因，同时关注那些遭遇新冠肺炎疫情、俄乌战争、全球能源及粮食危机冲击的最脆弱的人们。

01
恐怖袭击、新冠疫情、石油危机

斯里兰卡，一个存在感非常低的国家。这个岛国形似水滴，被称作“印度洋上的泪滴”。斯里兰卡命途多舛，曾经历25年内战，直到2009年猛虎组织被消灭，斯里兰卡才恢复和平。

2008年金融危机重创当地经济，不过内战结束给这个国家创造了经济重振的契机。斯里兰卡政府实施自由化政策吸引外资，国际货币基金组织提供了26亿美元贷款，其经济增速从2011年开始连续多年在7%以上。不过，这个国家工业基础较弱，经济发展以农业、旅游业和服装纺织轻工业为主。当地盛产茶叶，远销欧洲，红茶产量世界第一。

这颗“印度洋上的明珠”在内战结束后迎来了旅游业黄金十年，旅游成为岛国最主要的外汇来源。2013年入境人数为127.5万人次，同比增长26.7%，旅游业收入17.15亿美元，同比增长65.2%。2017年入境人数增长到211.64万人次，旅游收入占GDP比重超过10%。斯里兰卡成为了不少印度人、俄罗斯人、欧洲人的打卡胜地。这可能是斯里兰卡最美好的十年，人均GDP上升到与乌克兰相当，高于印度和越南，当地人不能算富有但收入看得见地增加。

但是，这一切被2019年的连环恐怖袭击打破。2019年4月21日，周日，上午8点45分，斯里兰卡首都科伦坡圣安东尼教堂上的时钟定格在这一刻。巨大的爆炸声、教堂墙壁上残留的血渍和街头上惊恐的人群告诉人们，这里正在爆发触目惊心的惨剧。

人们还未反应过来，当地香格里拉酒店又发生了爆炸。紧接着，科伦坡肉桂大酒店、金斯伯里酒店、尼甘布市圣塞巴斯蒂安教堂、拜蒂克洛市圣塞巴斯蒂安教堂发生连环爆炸。这一天，斯里兰卡3座教堂、4家酒店以及住宅先后九次遭遇炸弹袭击，造成300多人死亡、500多人受伤。

当时很多人感到奇怪：为什么袭击斯里兰卡？斯里兰卡国防部称，此次爆炸案是“对新西兰克赖斯特彻奇市枪击案的报复”。从新西兰转向斯里兰卡，恐袭明显地向“弱国”转移，这是一种“以弱制弱”报复行为。恐怖分子不敢袭击欧美国家，将目标转移到安防不足的亚非拉国家，所以西方人聚集的酒店和教堂，而欧美人新的旅游热门目的地、防御脆弱的斯里兰卡就成为了这类恐袭的目标。在遇难者中，不少是来自澳大利亚、英国、日本、葡萄牙、美国、丹麦的国民。其中，丹麦首富、VERO MODA的老板Anders

Holch Povlsen的三个孩子都在此事件中遇袭身亡。

这次恐怖袭击成为了斯里兰卡命运的转折点，它打击了斯里兰卡的经济命脉。恐袭事件半年之后，旅游业才开始复苏，俄罗斯人开始进入斯里兰卡过冬。但紧接着，新冠肺炎疫情全球大流行，斯里兰卡旅游业遭遇毁灭性打击。

“从2019年4月的那场恐袭事件，旅游业的收入就开始下降了。”斯里兰卡中央银行行长阿基塔·卡布拉尔直言，“过去两年间，我们没能从旅游业获得此前每年近50亿美元的收入。”

新冠肺炎疫情将脆弱的斯里兰卡经济推入深渊。斯里兰卡央行数据显示，2020年该国经济增长率为-3.6%。作为一个物资贫乏的岛国，大量的物资依赖于进口；而当地工业基础薄弱，生活必需的能源、工业用品以及农业化肥都靠旅游创汇再进口。但是，新冠肺炎疫情重创旅游业，击溃了斯里兰卡几乎唯一的创汇产业，旅游业超过20万人失业，一年失去近50亿美元外汇。

2021年下半年，欧美世界逐步取消旅游禁令，斯里兰卡旅游业开始复苏。斯里兰卡政府还将2022年定为“斯里兰卡旅游年”，目标是到2025年从旅游业创造100亿美元收入，以重建国家外汇储备和主权债务。

但是，该国糟糕的财政体系已等不及了。早在2021年8月31日，斯里兰卡就由于当地的商业银行耗光了进口所需的外汇，宣布因食品短缺而进入紧急状态。截至2021年11月，斯里兰卡的外汇储备仅剩15.8亿美元。接下来8个月，还要归还15亿美元的外债。这意味着斯里兰卡已经陷入了经济危机，外汇枯竭，货币贬值，物资紧缺，通胀高企，主权债务濒临违约。

2022年俄乌冲突爆发是压垮斯里兰卡经济的最后一根稻草。这场冲突触发了能源危机，石油和天然气价格迅速上涨，斯里兰卡用于进口能源的外汇预算消耗完毕，陷入缺油停电的原始状态。全岛加油站没有了柴油，交通系统瘫痪，大量火电厂停工，而当地40%的电力来自水电站，60%的电力依赖于进口的煤炭和石油发电。实际上，3月底，3.7万吨柴油已经运抵斯里兰卡港口，但是垄断能源进口的政府没有能力付清5200万美元货款。

物资短缺已经冲击了斯里兰卡的社会秩序，能源枯竭，交通瘫痪，停水停电，手机通信随时可能中断。由于纸张原材料价格大涨，教育部门买不起进口纸张和印刷油墨，接近300万学生的期末考试被无限延期。

最糟糕是粮食和药品紧缺引发的人道主义危机。斯里兰卡没有能力进口食品、药品等生活必需品，物价大涨，商店门口排起长龙。3月通货膨胀率达到18.7%，其中，食品通胀率甚至达到30.2%，真实通胀率更是远高于官方统计。目前，奶粉、面包、大米、蔬菜、糖等食品已实行定量配给，但依然得不到保障。一些医院已经停止了手术，药物告急，医疗系统基本崩溃，200多名医生走上街头抗议。

斯里兰卡政府还对外称，2022年3月的大米收成将大幅下降。很多人觉得奇怪，处于热带的斯里兰卡粮食产量应该很大。但是，俄乌冲突爆发后，能源价格大涨推动钾肥等化肥价格上涨，斯里兰卡没有能力进口化肥，进而导致粮食减产。

02
政府举债、央行降息、进口管制

这场灾难不仅是“天灾”，还是“人祸”，斯里兰卡政府的一系列操作更是将这个国家推向了深渊。

2019年戈塔巴雅担任斯里兰卡总统后改变了之前国际货币基金组织提供的货币政策和财政政策，转而降息，增加货币供应量。为什么要这样操作？其实，这种做法的目的与土耳其埃尔多安总统的是没有区别的，他们都试图通过印钞来刺激出口获取美元。

当年的恐怖袭击事件打击了斯里兰卡的经济和财政收入。斯里兰卡政府降低利率刺激经济增长，目的是应对即将到期的政府债务。一方面，降息印钞可以稀释内债；另一方面，还可以刺激出口赚取更多的外汇来偿还外债。试图用降息操作来缓解恐袭危机，这不能说有多大的问题。

但是，新冠肺炎疫情来袭，斯里兰卡政府加大了印钞规模。从2019年12月到2021年8月，斯里兰卡的货币供应量增加了2.8万亿卢比，增幅高达42%，人均印钞13万卢比。受低利率和货币贬值刺激，第四季度斯里兰卡茶叶、服装等出口贸易大增。但是，大规模印钞也击溃了斯里兰卡的经济体系，主要问题是通胀高企、汇率大跌、外汇告急，外债偿付危机一触即发。

斯里兰卡大规模印钞导致货币贬值，通胀爆发，这洗劫了普通家庭的购买力，一些人陷入了贫困和粮食危机。同时，大规模印钞还击溃了汇率市场。仅2022年3月，斯里兰卡卢比就对美元大跌31%，如今1美元可兑换302斯里兰卡卢比。黑市上，斯里兰卡卢比对外贬值更多。

外汇市场崩溃带来了严重的后果，最直接的后果是外债负担加重和进口成本大增。虽然货币贬值政策刺激了出口、增加了外汇收入，但是斯里兰卡需要大量进口能源和商品，斯里兰卡卢比对美元贬值，意味着削弱了斯里兰卡居民的进口购买力，当地人能够进口的生活必需品更少更贵；还意味着偿还外债的成本增加，面临债务违约风险。

斯里兰卡政府另一项被人诟病的操作是实施进口禁令。2020年3月，斯里兰卡实施了一项范围广泛的进口禁令，包括部分食品、药品和汽车在内的大量商品被禁止进口。进口禁令加剧了国内商品紧缺，进一步推高了物价。另外，斯里兰卡以“走向自然”为名强推所谓的农业“绿色革命”，目的是禁止化肥和杀虫剂进口。斯里兰卡当地基本不产化肥，化肥和杀虫剂高度依赖进口，这项进口禁令直接导致粮食产量锐减。2021年10月，粮食产量下降引发粮食危机，斯里兰卡政府才放松化肥禁令。但是，因这时货币贬值和化肥涨价，当地农民已没有能力进口化肥了。

很多人会感到奇怪：斯里兰卡政府为何出此下策？斯里兰卡政府这么做的目的是节省外汇，禁止民众进口，把外汇省下来进口能源和偿还外债。但是，此举加剧了国内经济灾难。

除了降息印钞和出口禁令外，斯里兰卡政府还存在一个长期问题，那就是债务率居高不下。

斯里兰卡外贸和财政常年双赤字。即便是经济最好的十年，斯里兰卡贸易也是长期赤字。从2008年到2017年，只有2014年贸易差额为正（82亿美元），其他年份都是赤字，累计赤字规模接近500亿美元。斯里兰卡政府还是赤字政府，以经济和财政状况最好的2017年为例，斯里兰卡财政收入为120.13亿美元，财政支出为

168.77亿美元，财政赤字48.64亿美元。

那么，斯里兰卡靠什么支撑双赤字？借外债。简言之，“以债偿债”。

斯里兰卡央行数据显示，自2009年至2017年，斯里兰卡的外债总额从209.13亿美元增长到518.24亿美元，不到10年外债规模翻了一番多，年均增长率高达12%。我们可以通过债务率、外债率和偿债率三个指标来看斯里兰卡的债务情况。

债务率，即债务余额占商品和劳务出口收入的比例，国际警戒线为100%；斯里兰卡自2009年以来一直高于210%，2015年后超过260%。外债率，即外债余额占国内生产总值的比例，国际安全线为25%；斯里兰卡自2009年以来一直高于50%，远高于新兴国家26%的平均水平。偿债率，即外债还本付息额占商品和劳务出口收入的比例，一般认为超过20%意味着将发生债务危机；斯里兰卡自2013年开始就超过了20%，2015年甚至达到27%。

再看具体的官方外汇储备。2009年至2017年，斯里兰卡的官方外汇储备均在80亿美元以下。外汇储备水平最高的2017年，能够偿还的外债份额也只有15%。过去两年斯里兰卡外汇储备下降了70%，2022年2月经过货币互换后也仅有23亿美元，同年需要支付的外债达到70亿美元。同时，黄金储备已经枯竭，仅剩1.754亿美元的黄金。如果没有国际援助，斯里兰卡主权债务违约近在眼前。

2022年3月，美联储开始加息，全球进入紧缩时代，斯里兰卡卢比预期还将对美元贬值，主权外债偿还更是不堪重负。7月6日，斯里兰卡总理向议会宣布“国家已经破产”。

斯里兰卡的债务问题存在两个致命因素：一是战争举债；二是财政纪律问题。

在内战25年间，斯里兰卡政府的军费开支持续增加，政府依靠大规模借债来维持非生产性消耗。1978年，斯里兰卡外债总额为11.36亿美元，占当年GDP的40%；到1989年，斯里兰卡外债占GDP的比重一路攀升至73.6%。

2009年内战结束后，斯里兰卡政府试图重振经济，提出“马欣达愿景”：“将斯里兰卡转变为富有环球战略意义的经济中心。”拉贾帕克萨政府计划重建被内战破坏的基础设施，大力投资港口、机场、公路、电力、电信通信和供水灌溉。这无可厚非，但是政府财政失控了。长期内战导致斯里兰卡外资流失，基础设施投资基本依赖于政府借外债。同时，斯里兰卡财政纪律不严谨，导致借债规模远远超过其偿债能力。

当面临债务偿付压力时，政府往往会采取降息操作，试图通过货币贬值来赚取更多外汇，但是结果往往事与愿违。斯里兰卡央行行长卡布拉尔辩称：“受疫情影响，大约120个国家的货币供应量出现了类似的增长。”但是，如果一国的货币供应量比大多数国家都大，而经济实力和偿债能力又羸弱，那么这种操作无疑是自杀式的。

在新兴国家的爆雷史上，存在这样一条经验：货币和债务失控的国家最容易在紧缩周期中爆发危机，而且是货币危机与债务危机同时爆发。

事实上，在宽松周期时，新兴国家的货币失控是常见的。从2009年12月到2021年12月的M2数据：中国增加了3.9倍，土耳其增加了10倍，美国增加了2.5倍，日本只增加了1.5倍。

为什么美联储大放水但美国的货币总量增加反而不大？货币总量主要是商业银行创造的，而美国的商业银行是私人银行，利率市场是自由市场，自由价格可以抑制商业银行的信贷失控，从而降低货币供应量。但是，很多新兴国家不具备这样的市场条件。

所以，一旦货币发行失控，在全球进入紧缩周期时，本国汇率下跌，偿还外债的成本大幅度增加，最终就会导致汇率崩溃和债务爆雷同时发生。1982年的拉美主权债务危机、1998年俄罗斯主权债务危机都属于这种情况。而如今，斯里兰卡也面临这种灾难。

很多人将新兴国家的债务爆雷归咎于美联储、金融开放与商业银行。其实，关键还是看新兴国家自身。作为岛国，如新加坡，本土资源匮乏，大量资源和商品依赖于进口，开放与融入国际市场几乎是唯一的发展道路。进口是一种交换，表面上依赖于美元外汇，实质上依赖的是本国商品的国际竞争力。我们可以看一个现实案例。前些年斯里兰卡政府进口伊朗石油欠下2.51亿美元债务，但如今没有美元偿还。怎么办？斯里兰卡政府希望每月向伊朗提供价值500万美元的锡兰红茶来抵债。这是一种物物交换的设计，拿掉了美元因素。这笔交易能否成功取决于伊朗是否愿意接收锡兰红茶。

在国际市场上，资源禀赋的比较优势是有限的，具备持久竞争力的优势是内在比较优势，即知识、制度和技术创新。除了旅游业外，斯里兰卡在国际市场上能够卖得出去的商品确实不多。但是，一国商品的国际竞争力，最大的制约因素往往是其制度及政策限制打击了民众自由地发挥其才能。

03
债务重组、国家重整、人道救援

总体来说，斯里兰卡的外债规模不大，即便违约对他国的影响也有限。国际社会更加关注的是人道主义危机。

斯里兰卡前央行副行长维杰瓦德纳警告说："当经济危机加深到无可救药的地步时，国家也不可避免地会出现金融危机。两者都会导致粮食产量降低，以及因外汇短缺无法进口，从而使粮食安全受到威胁。到那时，这将是一场人道主义危机。"

一些经济学家建议，债权国与斯里兰卡政府尽快启动债务重组计划，暂停还债，将节省下来的外汇用于进口民众急需的食品、药品和燃料。斯里兰卡经济学家德梅博士告诉路透社："斯里兰卡正在不合理地承诺偿还债务。更谨慎的做法是暂停偿还债务并满足关键的经济需求。"

目前，国际金融市场的投资者、亚洲开发银行、日本、中国、国际货币基金组织和印度是斯里兰卡政府的主要债权方。2022年1月，斯里兰卡向中国提出重组贷款。中国央行已与斯里兰卡政府签署15亿美元的货币互换协议。货币互换协议可以理解为各国央行之间的拆借，即当本国央行遇到外汇流动性问题时向协议国拆借一些外汇。按照货币互换协议，斯里兰卡的外汇储备理论上可以增加到31亿美元。另外，印度也向斯里兰卡提供了9.12 亿美元的贷款以及另外15 亿美元的两项信贷额度。

不过，斯里兰卡债台高筑，除了债务重组，还必须额外输血，也就是国际援助。斯里兰卡经济学家认为，国际货币基金组织（IMF）的救援是本国摆脱债务困境的最佳选择。他们已经起草了救助计划并获得了IMF批准，后者大约可提供20亿特别提款权（28 亿美元）。通常，新兴国家遭遇经济危机时，国际货币基金组织是主要的国际救援机构，它不仅可以提供贷款，还可以提振债权人与投资者的信心。

此前，斯里兰卡总统拉贾帕克萨明确反对国际货币基金组织的干预，称其侵犯了斯里兰卡的主权。不过，如今总统又任命了一个由财政专家组成的小组，尝试与国际货币基金组织沟通寻求解决债务危机的方案。

这是国际货币基金组织在国际救援时经常会遇到的挑战。在债务救助或债务重组时，债权方担心债务方再次违约，一般会提出一些要求，比如财务公开、增收减支。不管是对大型地产商还是对一国政府，债权方一般会提出约束条款以降低风险。国际货币基金组织则是雇佣一批专业经济学家，给救助国提供财政和货币制度或政策方面的综合方案。债务国之所以会陷入破产境地通常是其财政、货币及银行制度存在缺陷，但是这些问题又涉及国家主权，利益相关方容易以国家主权为由拒绝之。

最典型的案例是1997年亚洲金融危机时，国际货币基金组织对韩国进行救援。这场危机冲击了韩国脆弱的银行风控，货币大幅贬值，资金外流，外汇告急。韩国政府向国际货币基金组织求救，后者施救的条件之一是改革韩国银行体系。原先，韩国银行长期被财阀控制，沦为财阀的提款机，银行风控薄弱，金融危机来袭，大量信贷违约。国际货币基金组织试图切断财阀与商业银行的利益链以降低货币崩溃与债务违约的风险。韩国财阀极力反对，以国家主权为由掀起民族主义浪潮。所幸，当时的韩国总统为民选总统，果断地接受了国际货币基金组织的救援，成功渡劫的同时还削弱了财阀对银行的掌控。

所以，债务重组或国际救援都面临一个更为深层次的问题，那就是国家重整。戈塔巴雅·拉贾帕克萨总统及其拉贾帕克萨家族的经济治理能力确实令债权人感到担忧①，担心斯里兰卡沦为债务黑

① 拉贾帕克萨家族支配斯里兰卡政治已有数十年之久，斯里兰卡现任总统戈塔巴雅、前总理马欣达（Mahinda Rajapaksa）、前财政部长巴西尔（Basil Rajapaksa）、前议长查马尔（Chamal Rajapaksa）等人，彼此之间均为兄弟关系。

洞。本国民众也对拉贾帕克萨家族失去了信心，一些示威者要求戈塔巴雅和他的家人下台。拉贾帕克萨家族正在失去执政联盟和内阁成员的信任。斯里兰卡议会在总统宣布全国紧急状态令后召开了首次会议，至少42名执政联盟议员离席，这导致执政联盟失去了三分之二的席位。在4月3日深夜，拉贾帕克萨内阁中的26位部长提交了辞职信。总统任命了四名新部长，但财长仅上任一天就不干了，央行行长也提出辞职。这只是斯里兰卡问题的冰山一角。

如今，斯里兰卡成为了失败的国家治理的典型代表。但是，斯里兰卡（锡兰）在1948年独立后，曾被世人看好。人们将第一个“东方之珠”的美誉给予了斯里兰卡，在中国香港之前。李光耀在回忆录里也替斯里兰卡感到惋惜：“然而天啊，结果却事与愿违。我在历年的访问中，看着一个原本前途无量的国家逐渐走向没落”,[①]“（这个国家已）成了纠纷、悲痛、哀伤和绝望的代名词，真是可悲”。[②]20世纪70年代末，总统杰耶华德纳试图将斯里兰卡建成小新加坡，但是，他的构想因之后的25年内战化为泡影。内战的主要原因是占全国人口74%的信仰佛教的僧伽罗族与占18%的信仰印度教的泰米尔族之间存在利益冲突。

2000年开始，斯里兰卡进入拉贾帕克萨家族统治时代。2005年马欣达·拉贾帕克萨担任总统，任命其兄弟戈塔巴雅·拉贾帕克萨为国防军常秘，统管三军，最终赢得了内战。内战结束后的2010年，斯里兰卡议会通过了宪法第18条修正案，取消对总统任期的限制，总统由民众直接选举产生，集国家元首、政府首脑、武装部队总司令于一身，而且不对议会负责。2019年戈塔巴雅担任总统，

---

① 李光耀. 李光耀回忆录[M]. 南京：译林出版社，2013.

② 同上。

之前的总统马欣达转任总理，同时任命其长兄查马尔担任农业部长，最小的哥哥巴西尔担任财政部长，侄子纳马尔担任体育部长。这样，斯里兰卡政府彻底变成了拉贾帕克萨家族政府。如今，示威人群将矛头指向拉贾帕克萨家族，但戈塔巴雅总统表示不会辞职。

很多新兴国家面临的陷阱本质上都是制度陷阱，外资、外债和技术的引入相对容易，但制度转型改革是艰难且伴随着噪声的。如斯里兰卡般的政府容易滥发货币洗劫民众财富，实施进口禁令，与民众争夺外汇，同时财政纪律松弛，债务失控，将国家带入主权信用破产和人道主义危机的深渊。

本命途多舛，又时运不济。2022年俄乌冲突引发的全球能源危机和粮食危机，再次冲击了这个脆弱的国家和最底层的民众。这将是一场人道主义灾难，糟糕的是这只是开始。在当今所谓的宏大叙事背景下，希望更多人关注到那些没钱购买粮食的挨饿人群，以及一些本不该挨饿但仍挨饿的人群。

参考文献

[1] 关珺冉.斯里兰卡濒临破产？[J].凤凰周刊，2022（14）.

[2] 斯里兰卡央行年度报告系列［R］.Annual Report，Central Bank of Sri Lanka，斯里兰卡央行官网（www.cbsl.gov.lk）.

[3] 宁胜男.斯里兰卡外债问题现状，实质与影响[J]. China International Studies，2019，74（1）：5+140-166.

[4] 李光耀.李光耀回忆录[M].南京：译林出版社，2013.

美国会爆发债务危机吗？

新冠肺炎疫情暴发后，全球主要国家大规模扩张债务，债务失控风险进一步加大。截止到2020年11月，美国债务规模达到27.44万亿美元，相较2019年底增加了3.4万亿美元。2021年8月，美国联邦债务突破了28.4万亿美元，即国会设定的债务上限。

在债务上限博弈之际，美国庞大的债务规模引发市场的担忧。2021年10月18日，美国财政部长耶伦表示，尽管近期临时提高了债务上限，但是这一法案只能让美国联邦财政支撑到12月3日，倘若彼时仍然没有解决问题，财政部资金枯竭，则可能出现技术性违约[①]。当然，很多人对美债仍旧保持信心，不少大型金融机构都持有大规模美债。

美债会爆发技术性违约吗？全球债务失控的原因是什么？这种债务模式能否延续？

本节以债务上限为主线，探索美国主权债务的累积过程、政治博弈以及根本成因。

---

① 技术性违约指美国延缓支付到期债务利息。在美国的债务达到法律规定的上限时，如果国会不提高举债上限，到还债日美国政府将无法继续借钱，进而无法偿付到期的国债本金和利息。

01
赤字货币化

论起源，美国国债可追溯到独立战争时期大陆会议发行的战争债券。在第一任财长汉密尔顿的主导下，联邦政府在极度困难的情况下支付了大量债券，从地方州政府手中收回了一部分征税权和货币发行权，构建起美国国债的信用大厦。1791年，合众国第一银行成立，私人资本大量抢购国债来入股银行，联邦政府从中获得了600万美元的融资。从此，美国开启了债务经济的传统。

总体来看，19—20世纪联邦政府债务规模的变化呈现正弦函数曲线的形式，在一个时间点债务规模达到高峰，随后则慢慢回落。但到了21世纪，美债规模与美债上限犹如持续向上的天梯，丝毫未有回落迹象。

19世纪至20世纪期间，引发政府债务扩张达到顶峰的原因可以总结为战争、经济衰退。以战争为例，1812年对英战争、1846年对墨西哥战争、1861年南北战争，政府债务分别达到三个高峰点。战争结束后，财政恢复盈余，债务规模缩减。

第一次世界大战期间，美国政府再次大幅借债，债务规模达到历史新高。此前大多数情况下，联邦政府发行各类国债都需要国会的审批，但1917年《第二次自由债券法案》的出台给了联邦政府一定的自由权，国会为各类债券设置一个“天花板”额度后，联邦政府可以在该范围内自由借贷，无须再经国会审批，财政部还可自行决定利率水平、债券期限，这就是我们如今所称的美国债务上限。这一法案的初衷是以“上限”来约束政府举债的规模，但如今早已偏离目标。

联邦政府拿到“债务总额上限”的主动权是在1939年。当时，“二战”爆发，罗斯福总统和时任财政部长摩根索积极推动参众两院通过一项提案，即取消对债券和其他类型债务的单独限制，首次批准一个几乎涵盖所有公共债务总额度，当时规定的上限总额为450亿美元，联邦政府可在“债务上限”之内自由融资。

“二战”后，美国经济迎来了腾飞的黄金年代。从1945年到20世纪80年代，联邦债务虽不断增加，但联邦债务占GDP的比重这一数值却持续下滑，一定程度上说明，此时的债务扩张边界尚且安全。1960年，联邦债务占GDP的比重开始小于50%，且在整个70年代稳定处于35%上下。

不过，80年代这一比重开始上升，并于1995年达到顶点。在里根政府执政下，头几年美国经济深陷滞胀的痛苦中，政府收入乏力。里根信奉供给学派，试图推行减税，但是却未能削减开支，财政失衡严重。除了减税，在美苏军备竞赛的背景下，政府大笔军费支出也造成了严重的政府赤字。

因此，尽管在美联储主席沃尔克严把货币闸门的政策下，美国走出滞胀，但是政府财政赤字扩张的脚步并未停下，一路狂奔到1992财年的2900亿美元，债务额度也从1980年的9000亿美元飞奔到1988年的2.6万亿美元。这时，布雷顿森林体系解体，美元不再受黄金约束，具备了财政赤字货币化的条件——美联储为联邦政府融资。

不过，赤字状况从1992年克林顿上台执政起得到改善，以提高税收、减少行政和公共福利开支等方式，联邦政府财政出现了盈余。随着经济增速的提高，债务占GDP的比例略微下滑并保持稳定。

2000年后，画风却突然变了。美国联邦债务失衡进入了新层面，更成为了全球金融市场关注的焦点。这主要有两个原因：一是美国债务上限被突破的速度越来越快，规模越来越大；二是布雷顿森林解体后，美债的全球资产定价之锚的地位越来越突出，财政赤字货币化的倾向越来越严重。

从小布什执政，美国政府赤字也开始加速增长。小布什不仅大幅减税，同时发动反恐战争，债务规模迅速扩大。

而联邦债务真正失控是在2008年金融危机后。为了应对金融危机，奥巴马政府执政初期就为刺激经济而产生大规模赤字。同时，美联储为奥巴马提供了巨大的融资便利，从2007年底到2008年9月雷曼兄弟倒闭，连续7次降息；2008年12月底，联邦基金利率被调至最低水平，从此步入零利率时代；更重要的是，美联储在量化宽松中大规模购入国债，直接帮助奥巴马政府融资。这时，财政赤字货币化已经完全失控。

国会也出台了一系列经济复苏法案，大规模提高了债务上限。2008年《住房和经济复苏法》《紧急经济稳定法》和2009年《美国复苏和再投资法案》连续提高债务上限，债务限额在不到一年的时间内三次上升，最后达到12万亿美元。

但是，连续提高债务上限的做法依然无法满足奥巴马政府的"胃口"，政府很快又陷入了无钱可花、无钱可还的危机。当债务上限接近触顶之后，联邦财政部短期内采取一些非常规措施暂时缓解流动性不足，譬如暂停发行州和地方政府系列国债、暂停政府对公务员退休和福利等基金的投资，以获得多余的债务上限空间。当这些非常规措施效果将耗尽而政府依然无法发行新债获取融资时，就会面临最危险的局面：美债无法兑付，市场对美国政府的支付能力产生怀疑，进而产生信用危机。在2009年和2013年均出现政府技术性违约的风险。

2013年2月4日，奥巴马签署了“No Budget，No Pay”法案。该法案允许美国政府设置一个暂停期，期间允许财政部不受债务上限控制无限发债；而暂停期结束后，债务上限重置为原有债务上限与暂停期内新增债务额之和。这一法案相当于给债务上限开了一个后门，政府花完钱了还可以继续借钱，避免出现技术性违约从而威胁到金融安全和国家信用。

此时，暂停债务上限又成了政府扩张债务的主要通道。从2013年5月到2021年，美国政府连续六次采用这种方式提高债务上限，债务占GDP的比重自2011年首次超过了100%后一路飙升，美国的债务上限、债务总量进入了真正的失控阶段。从2012财年到2016财年，美国债务平均每年增长9470亿美元。在2018财年、2019财年，平均每年增加1.23万亿美元，2019财年美国债务规模达到22.7万亿美元。疫情发生后，特朗普政府按下了漫长的债务上限“暂停键”，美联储开启无底线宽松政策，美国债务增长速度更为可怕，到2020年11月，美国债务规模达到27.44万亿美元。

不过，迄今为止，美债其实没有发生过实质上的违约事件。在程序上，这与两党博弈的底线有关；但实际上，美债仍然为国际市场所信任。

布雷顿森林体系解体后，美元价值跌落谷底。经历了震荡期之后，美元找到了美债这一资产的锚。当前，美元作为全球结算货币，大量的外国投资者和外国政府都有采购美债的需求，投资者们也找不到更好的投资品代替美债。但是，反过来，美元在全球货币的领导地位和巨大出口，也导致了美债的扩张。美债随之成为了全球资产定价之锚，10年期美债收益率随之成为全球资产定价的基准。也因此，美债收益率的波动，将引发全球金融市场的波动。若关注美债、美元及金融市场的风险，10年期美债收益率是真正的晴雨表。

02 胆小鬼游戏

多年来，美债上限往往伴随着两党博弈，市场当下的波动也来源于国会对上限及财政预算的否决、延长或通过。有意思的是，按照历史经验，债务上限决议伴随着两党激烈而顽固的斗争，但总是会在最终一刻完成“惊险一跳”。

当前美国债务上限的设置需要追溯到特朗普执政期间。2019年8月，特朗普总统通过了《2019年两党预算法案》，允许暂停债务上限2年，到期日为2021年7月31日。2021年8月1日，债务上限开启生效，此时美国债务规模达到28.4万亿美元，这一“紧箍咒”又被戴到了民主党的头上。

民主党的第一反应是继续暂停债务。9月21日，众议院以220：211的投票结果通过了一项立法，即暂停联邦政府债务上限期限直至2022年12月。所有的民主党人都投了赞同票，所有的共和党人都投了反对票。

但是，这一议案在参议院遭到了必然的阻拦。参议院议员可以发起冗长辩论，倘若民主党想要使提案通过，则需要在参议院拿到

60张赞同票，这意味着民主党还需要再说服10位共和党人。对此，参议院共和党领袖麦康奈尔很早就有过表态：债务上限是民主党的责任，共和党不会帮助民主党。而在此之前，共和党对民主党的减税和大规模基建方案就已经表达了强烈不满。

债务上限日益成为两党复杂博弈的交锋点，并且更像是一种双方尽可能推脱的"政治责任"。民主党想尽办法让共和党也投赞成票，而共和党则坚决不为所动，这是双方陷入僵局的原因。

其实，两党博弈存在一条心知肚明的底线，那就是杜绝美债违约，毕竟这是更大的"事故"。可在债务违约期限来临前，谁也不会退让一步。这导致债务上限往往只能拖到临期才被解决。过去几年里，每一次债务上限额度提案的达成无一不是如此。

当前，民主党和共和党就债务上限博弈存在一定的默契：民主党最初希望在10月将大规模支出的社会法案、新财年的预算与债务上限提高（暂停）法案捆绑过会。简单来说，拜登政府要给国民发3.5万亿美元，国会没有理由反对提高债务上限。但是，共和党的策略是，反对拜登政府将债务上限问题与支出法案捆绑。

拜登在美军从阿富汗撤军后国内支持率暴跌，面对明年就要来临的国会中期选举，民主党更为小心谨慎。拜登政府也清楚，捆绑策略在短期内难以奏效，而债务上限问题又迫在眉睫。怎么办？

两党再怎么斗，他们都很清楚，当下美国经济正在弱复苏，通胀高企，就业不振，资产泡沫风险巨大，金融市场经不起任何债务风波。于是，民主党和共和党达成共识：将债务上限提高（暂停）法案剥离出来，通过一项权宜性支出法案来替代。

近期，国会通过了这项临时拨款方案。这项临时性拨款为联邦政府争取到了4800亿美元的舒缓空间，避免了技术性违约。当然，这4800亿美元也会计算在债务上限中，债务上限也从28.4万亿美元暂时变为28.9万亿美元。这样，债务上限问题被推迟到了2022年12月再议。

参议院共和党领导人麦康奈尔表示，此次合作后，将不再为民主党人暂停债务上限提供任何帮助。“如果他们（民主党人）现在在没有我们支持的情况下增税、借钱，并花费历史性的巨额资金，他们就得在没有我们帮助的情况下提高债务限额……这就是现实。”①

到12月，债务上限问题是否会触发技术性违约？

届时，如果共和党人不支持，民主党人提高债务上限的法案就只剩下了预算和解程序。预算和解是一个可选的加速立法程序，规定参议院在20小时之内完成讨论付诸表决，避免了冗长辩论的阻挠，而且只需以简单多数投票通过即可。根据《预算法》规定，委员会每财年可以分别就“直接支出、收入和债务限额”三类发起一次变更，以实现赤字减少。

这就是一种仓促过会的威逼策略。但是，这样操作，民主党也会背负巨大压力——因为如此民主党会独自包揽下“扩张债务”的包袱，这对明年国会中期选举非常不利。更何况，这一程序的启动缓慢且复杂，而党内仍存在分歧。预算和解程序需要在参议院获得51票才能通过，目前民主党在参议院的席位是50个，加上副总统关键一票，正好是51票。但是，这需要确保民主党内绝对团结一致，而目前的民主党内还不够团结，比如之前拜登政府试图将3.5

① 崔璞玉.美国万亿美元基建能否落地？政府会否停摆？拜登迎来关键时刻[EB/OL].界面新闻，2021-09-28.https：//baijiahao.baidu.com/s？id=1712085947724064061&wfr=spider&for=pc.

万亿美元社会支出法案、增加税收、暂停债务上限都打包在同一个法案内发起审批，党内激进派和保守派就对这一法案存在争议。所以，万不得已，民主党不愿意发起预算和解程序。

虽然过程存在诸多波折，但总结历史经验，关于美债上限危机的结局其实不太可能存在意外。在两党激烈和顽固的斗争中，美债上限问题终会"惊险一跳"，得到妥善解决。

只是我们需要关注的是当前全球金融市场的脆弱性，漫长博弈和反复套路下消耗的市场信心难以量化，不确定性会更加强烈。

历史上，债务上限的博弈曾经动摇过市场信心。2011年1月，美国财政部表示，美国债务规模近期将达到法定上限。但是，两党对提高上限额度长期僵持不下；同年5月16日，债务达到上限14.29万亿美元，财政部开始采取非常规措施延缓账户枯竭；7月31日，两党经历了多次调整并否定提案后，在最后期限前达成共识。但是，这种僵持不下的谈判过程仍然引发了市场的波动，一些投资者对美国政府信用产生怀疑。8月5日，标普首次下调了美国政府主权的信用评级。2013年美国债务上限危机期间，惠誉在2013年10月将美国长期主权信用评级展望由"中性"下调为"负面"。

随着期限来临，债市、股市都出现波动。2021年9月，美国国债收益率突破了2020年以来的纪录。如今，债市、股市和期货市场泡沫严重，煎熬的博弈，或者更为严重的短期技术性违约，都可能会冲击金融市场。但短期内，美国不会爆发实质性的主权债务危机。

03
软预算约束

当前，市场上存在一个有意思的争论：提高债务上限到底是降低债务风险，还是触发债务风险？

多年来，美国财政部长总是喊着提高债务上限，甚至要取消债务上限。耶伦发出警告："美国经济学家和财政部的压倒性共识是，如果不提高债务上限，将导致广泛的经济灾难。"理由是，美债仍是全球最重要资产锚底、流通性极好的金融资产，但是政府发债却受到了债务上限的限制，人为地制造技术性违约。换言之，美国政府不是真借不到钱，也不是真还不起钱，而是债务上限法令捆住了政府的手脚。这可不可以理解为人为干预政府融资引发债务危机？

但是，事实可能又是相反的。取消或提高债务上限，短期内可以避免债务技术性违约，但是长期来说，债务危机将是必然结果。

耶伦的逻辑是将政府视为市场主体，政府像企业一样，在债务市场上受到自由竞争的硬约束。但是，政府不是市场主体，政府财政是公共用品，不是私人用品，它不受市场的硬约束，而是受到软约束。恰恰是软预算约束导致了不少国家的债务失控。

这正是雅诺什·科尔奈提出的软预算约束理论。就在2021年10月18日，这位经济学大师不幸离世。科尔奈生前对社会主义计划管理、经济转轨国家的理论研究成果卓越，他还亲自策划和参与了匈牙利社会主义改革，在经济学界影响深远。

科尔奈最早在1979年提出了软预算约束的概念。他解释："社会主义制度下的国有企业倘若支出超出收入，还用光了所有的经济来源，并不会破产；上级主管部门会向企业伸出援手，帮助摆脱困境。在这种情况下，预算约束就很软。”打个比方，家长给孩子每个月的生活费限定在2000元，但是孩子花完钱又可以向家长要钱。这就是预算约束软化。

软预算约束会造成严重的后果，包括资金使用低效、资源浪费、投资过度和债务高企。科尔奈将软预算约束看作社会主义制度功能市场的典型特征：软预算约束使得企业免受惩罚，并容忍企业的低效率，一定程度造成了社会主义制度中的投资计划盲目扩张。

后来，一些学者将软预算约束的概念从东欧扩展到全球各国政府的财政领域，分析债务危机、道德风险、“搭便车”动机等。譬如，政府对危机之中的金融机构发起拯救，这也是一种典型的软预算约束现象。

其实，各国政府财政预算基本都存在软约束的问题，美国债务上限就是典型的案例。债务上限的初衷是约束政府债务扩张，但是并不是硬约束。2013年奥巴马政府还为债务上限增加了一个暂停键，按下暂停键后，政府可以继续借钱。所以，“债务上限”这一规定没有法理上的强制约束力，也没有自由市场的硬约束。当期限来临，政府真正面临违约风险时，两党自然会收起爪牙，国会通过法案，帮助政府免受违约惩罚。

有人提出，美国政府是在债市上融资，受到自由市场的硬约束。如果美债崩盘，美国则无法在市场上进行债务融资。事实上，现在美债在市场上依然很吃香。2021年8月，日本再次买入美债96亿美元，最终持仓规模达到13198亿美元；英国买入美债205亿美元，持仓规模达到5690亿美元。这是否说明美国的软预算约束是一个伪命题？

其实不然。美债最大的持有者不是日本和中国，而是美联储。美联储持有4万多亿元美债，超过中日之和，约占美债总额的15%。更重要的是，美联储的印钞机是美债的重要保障。虽然债务僵局影响美债公信力，但是有美联储为美债信用兜底，投资者并不会真正抛售美债。如果把美联储的印钞机关闭，美债在市场上的表现可能会大不同，美国政府也可能面临实质性的违约。

所以，美国联邦政府的软预算约束是真实的，而这一真实性来自一个奉行“父爱主义”的家长——美联储源源不断地给美国财政部提供融资。为什么美联储可以大规模印钞？

我们可以将软预算约束的理论运用到信用法定货币领域，其实，信用法定货币的发行也是“软约束”。

在金本位时代，货币以黄金为锚，货币的发行要受到黄金储备量的约束，然后执行刚性兑付。这就是货币发行的刚性约束。但是，布雷顿森林体系解体后，全球经济进入信用货币时代。美元不再以黄金为锚，吸收债券即可发行，同时不执行刚性兑付。这就是货币发行的软约束。所以，从1971年开始，财政—货币的约束逐渐软化。2008年金融危机后，财政—货币的约束软化问题彻底爆发，货币供应量和政府债务规模同时大幅度飙升。

因此，政府财政软约束的根源是货币发行的软约束。美元和美债相互兜底，联邦政府和美联储相互“融资”，两者均无强约束力，出现一种“空头支票”悖论：美元的信用来自可靠的美债，美债的信用来自无限量的美元；而美元和美债都是债务，本质上是美国综合国力在撑着。

有人提出，可不可以制定法律约束政府举债规模，或者约束央行为政府融资。比如，欧盟曾在《马斯特里赫特条约》中对欧盟成员国的财政赤字率、国债负担率做了指标要求，即明确要求公共债务不得超过 GDP的60%。相较而言，这可以算是一种明确的约束。但是，2009年欧债危机爆发了。为什么？意大利并未满足这一财务条件也作为欧元创始国加入了欧元区，希腊则通过高盛“作弊”成功蒙混过关。后来，这两个国家都是欧债危机的重灾区。

在美国，联邦政府预算约束软化和美联储货币发行约束软化，是民粹政治崛起的结果。2008年金融危机后，民粹政治崛起，为了赢得选票，美国两党在社会保障及福利上的投入支出越来越大，财政赤字也随之升高。根据美国国会财政预算报告，2000年以来，法定支出比重大幅提升，成为占比最大的支出，而法定支出包含了社会保障支出、收入保障支出和其他福利支出。2000年，法定支出达到1万亿美元，自主性支出为6000亿美元；到2018年，法定支出达到2.7万亿美元，自主性支出为1.2万亿美元。

美国政府、国会以及投出选票的最终决策民众都成了赤字扩张、债务高攀的推动者，但是却都不是法理上的后果承担者。这正是哈定提出的公共资源悲剧——财政—货币约束软化的根源所在。

自由市场的刚性约束的本质是，每个人为自己的选择承担直接的、对应的责任并付出代价，这就是价格的惩罚功能。但是，公共资源不具备价格机制，无法将责任、成本和惩罚落实到具体的个人身上。于是催生了“搭便车”动机，人人都试图从法定货币超发、公共债务扩张中获得更多的福利，而没有人会顾及后果——虽然雪崩时无人能逃。

这显然不是美国或某个国家的特殊问题，而是法定货币的统制问题——货币公共化催生货币公地悲剧。

参考文献

单立娟.环球深观察|“有关债务上限的胡说八道该停止了！”[EB/OL].环球网，2021-10-12.https://world.huanqiu.com/article/458uR3IKrom.

观历史

历史如明镜，可自省，可鉴世。读史，有清风拂面、豁然开朗之感。

而经济学视角下的历史，就犹如一条曲幽小径，绿意盎然，趣味丛生。以经济学逻辑探寻历史，有时能从另一维度给文化史、社会史、政治史以照应、解读。

一部债务与破产的政治史

公元前594年，一场债务危机正席卷雅典城邦。

城邦内许多土地上都立着一块石碑，这块石碑表明，该地收成的六分之五归属债主，农民自己只能留六分之一。

这些农民被称为“六一汉”。若收成还不足以清偿债务，债主有权将“六一汉”及其妻子儿女变卖为奴。

于是，大量农民沦为债务奴隶，一时民怨四起；走投无路的农民引发暴乱，试图瓜分富人的土地和财产。

富人则认为，欠债还钱乃履约之责。债务问题激化了社会矛盾，雅典处于激烈冲突甚至内战的边缘。

这时，雅典历史上杰出的政治家梭伦新官上任，他担任雅典首席执政官的第一天便颁布“解负令”。

他命人拔掉了竖在被抵押的土地上的债权碑；废除所有债务，禁止以人身做抵押借贷；因债卖身的农民，一律释放；因债务而被抵押的土地一律归还原主。

债务人无不欢呼雀跃，但是气急败坏的债权人、贵族则四处活动，攻击梭伦。恩格斯说：“在梭伦所进行的革命中，应当是损害债权人的财产以保护债务人的财产。”梭伦不得不以利益交换安抚贵族。

雅典是幸运的，梭伦化解了一场社会危机。

但是千百年来，富人与穷人的冲突无不围绕着债务与道德。债务冲突引发过无数的经济崩盘、社会动荡、政治垮台，甚至带来杀戮与战争。

研究古代史的著名学者摩西·芬利说，古代所有的革命运动都有同样的一个步骤："取消债务并重新分配土地。"

这是政治及利益斗争问题。

古人说："杀人偿命，欠债还钱"，"以刑偿债，卖身还钱"。

这是道德及法律平衡问题。

美国谚语却说："如果你欠银行10万美元，那么你的财产归银行所有。如果你欠银行1亿美元，那么银行归你所有。"

这是风险及市场原则问题。

到了近代，债务逐渐从道德标的过渡到市场标的。借贷被定义为一种市场行为，而非道德行为。债通过提供流动性来实现资源在时间和空间上的更优配置。

债的本质即提供流动性，借贷则意味着资本所有权与风险从债务人让渡给了债权人。

如此，债务的道德关系就演化成了权利与义务的契约关系。

对债的认知是现代市场意识的关键。经营意味着风险，债是风险的最主要承载方式之一。若资不抵债，是否可"欠债不还"，即债务免责？若按市场原则考虑，债务免责属市场行为的一部分。

如此，与债务免责相匹配的破产法便应运而生。

1705年，英国第一次引入债务免责制度。

1787年，在美国立宪会议接近尾声时，来自罗得艾兰州一位名叫查尔斯·平克尼的代表提出加入破产条款。这一建议获得几乎全票通过，被写入美国《宪法》第1条第8款："国会有权通过关于破产的统一法。"

美国开国者麦迪逊当时在《联邦党人文集》中这样写道："制定统一破产法的权力与商业规范密切相关，可以有效地制止当事人利用其财产在不同的州或将其财产转移到不同州所进行的欺诈行为。"一些人认为，债务人可以利用破产法从事"合法欺诈"；而破产法支持者观点恰恰相反，这部法律可以有效地防止欺诈行为。

其实，破产法、债务免责、企业家精神、有限责任制、风险经营是一脉相承的市场规则。经营意味着风险，有限责任制可最大限度地释放风险，激发企业家精神；债务免责和破产法是现代市场兴起及行以致远的必要条件。

对债务的认知过程以及破产法的演变是一段裹挟着复杂的政治、利益、债权人集团及民粹主义反复博弈的历史。

1800年，美国第一部破产法的诞生是汉密尔顿派与杰斐逊派在立国原则及意识形态上长期斗争的一部分，也是北方工商界与南方农场主之间利益博弈的结果。

整个19世纪，美国破产法三立三废，沦为挽救经济危机的"夜壶"、博取政治选票的工具。1797年金融大恐慌催生了1800年破产法，1837年著名的大恐慌催生了1841年破产法，1857年大恐慌催生了1867年破产法。

每次大恐慌，美国社会基本都能够达成共识：被债务追着跑的商人无力东山再起，新的商人因惧怕风险无心扩大生产挽救危机。但是，每次危机过后，投机商都会借破产法大肆攫取利益，南方势力担心自己的土地及财产被投机商合法夺走，则想方设法地将"夜壶"踢回床底。

1893年经济大恐慌催生了1898年破产法。这部法律的立法史，堪称“一部长达18年命运坎坷而几近夭折的奥德赛史”。不过，这部法律很巧妙地平衡了债权人与债务人之间的关系，成为了一部稳定的破产法。从此，美国确立了现代破产法。

此后，破产法在国家干预主义与自由主义的博弈中趋于完善。20世纪六七十年代，美国消费主义盛行，投资银行兴起，大规模的消费信贷和住房贷款引发大规模的个人违约潮。在资产泡沫、债务膨胀时期，破产法遭遇新的挑战，同时也肩负着新的使命与责任。

如今，全球债务大潮兴起，房产泡沫膨胀，公司债务率高企，房企破产数量增加，部分企业陷入破产困境，投资基金兑付危机、住房贷款及消费信贷问题涌现。福耀玻璃集团创始人曹德旺先生呼吁不要用“老赖”形容破产企业家，因为企业家的事业本身就是风险事业，应鼓励他们继续奋斗。他还再三呼吁立法允许私营企业破产，现在很多影子银行[①]在追债，如果不允许企业破产，后果不堪设想，会导致社会问题。

美国著名法学家小戴维·A. 斯基尔在《债务的世界：美国破产法史》中为债务与破产赋予了“时代精神”：

“美国破产法在世界上别具特色。与其他国家相比，它最大的特色可能在于，美国的个人与公司似乎并不将破产视为最后一搏，因此他们并没有不惜一切代价避免破产的发生。没有人想落得一个破产的下场，但美国的债务人只是把破产视为通向欣欣向荣彼岸的一个途径，而非‘剧终’。”

---

① 影子银行又称为影子金融体系或者影子银行系统，是指银行贷款被加工成有价证券，交易到资本市场，房地产业传统上由银行系统承担的融资功能逐渐被投资所替代，成为银行的证券化活动。

本节应大疫现实之需，以美国破产法为线索，探索债务及破产背后市场原则的演进，解析政治、经济与民间力量的博弈。

01
三立三废　美联邦党与民主共和党的政治斗争

1790年8月4日，为了避免美国联邦政府信用破产，刚刚走马上任的第一任财长汉密尔顿向债权人承诺，联邦政府定能如期偿还所有独立战争期间欠下的巨额债务。

随后，汉密尔顿一边发行债券，拆东墙补西墙，以应对短期到期债务；另一边根据《关于西部土地测量和出售法令》（1785）和《西北法令》（1787）两部法令，出售国有土地以获得财政融资。

此后，国有土地出售引发大规模的土地投机。到了18世纪末，土地投机泡沫崩溃，引发债务螺旋和社会危机。美国独立战争的重要资助者罗伯特·莫里斯被关进费城监狱近3年；华尔街金融的缔造者、汉密尔顿的助理威廉·杜尔因债死于狱中；当时美国最高法院法官詹姆斯·威尔逊因投机失败被迫逃到北卡罗来纳州。

1798年，来自美国南卡罗来纳州的罗伯特·哈珀提出了美国历史上第一个破产法草案。这一草案在国会上引发了激烈的辩论，北方与南方、工商业界与农业代表之意见完全相左。

南方农业代表认为，破产法仅适用于北方城市及工商业，但不能用于南方农业地区及土地财产。他们担心的是，农民和农业贸易通常是负债经营的，他们需要借贷耕种，待秋收后再还债。农业耕种周期长、风险大，若遭遇天灾、收成不佳，破产法可能导致北方债权人夺取他们赖以生存的土地。

北方工商业代表认为，若不通过破产法让债务人避开受到监禁的命运及暴力的威胁，商业活动则难以恢复，商人再不敢冒险经营，而事实上风险与经营是孪生兄弟。

破产法的存废及演变，是美国党派斗争的政治缩影。第一部破产法引发的大辩论，是汉密尔顿代表的联邦党人及杰斐逊代表的民主共和党人在治国理念分歧上的部分体现，也反映了北方工商界势力与南方农场主势力之间的利益博弈。

联邦党人认为，商业是美国发展的未来。他们继承英国的商业传统，将破产问题视为市场行为，希望“保护诚实的债权人和债务人，鼓励风险借贷的发展，以促进商业发展”。

杰斐逊等民主共和党人及南方代表认为，农业才代表美国的未来。他们希望把美国建设成为一个田园牧歌式的国家。杰斐逊在1792年质疑破产法的必要性：“难道商业是美国的立国之本，乃至非要制定破产法吗？相反，我们不是几乎以农业为基础的吗？”

杰斐逊担心大政府主义的出现，担心联邦层面的破产法抑制州立法机构的力量。南方种植园主则担心北方工商势力及投机商会借助破产法夺取他们的土地及财产。

其实，破产问题是美国开国者们立国原则与意识形态分歧的一部分。与当时大多数法令一样，破产法的确立也经历了杰斐逊派与汉密尔顿派的来回拉锯。1800年，众议院以49票对48票，参议院以16票对12票，艰难地通过了美国历史上第一部《破产法》。法律条文基本照抄英国破产法。

这部法律有效期为五年，但是到1803年就被废止了。法律生效后，大多数破产的债务人被关进大牢，无法获得应有的清算。新的债务人和投机商则利用该法逃债，甚至将其用于欺诈，剥夺农场主、种植园主的土地。最终，在南部农业州的强烈反对下，这部法律只存活了三年。

破产法的存废并未影响投机热情，在土地财政的推动下，大量资金涌入土地及房地产。同时，政府实施了自由银行法，银行设立的资金门槛下调至10万美元。“大量的流动性是由那些新开的银行创造出来的……这些钱并没有投资到新兴产业，其中大部分都流进房地产业用于投机。”

大规模信贷、持续高杠杆，助推房价、地价疯狂上涨，市场投机趋于失控。“芝加哥的土地价值也已经从1833年的156万美元涨到了1836年的不低于1000万美元。”就在房价处于巅峰时，极度痛恨投机行为的杰克逊总统签署了《铸币流通令》，规定土地交易必须使用黄金或白银支付。

1837年底，全美所有银行都停止了金币兑付，市场陷入空前的流动性危机，房地产崩盘，股票市场大跌，全美90%工厂停工，大量工人失业。这就是著名的“1837年美国大恐慌”。

这一次大恐慌延续时间很长，从1837年开始，直到1842年也就是危机发生5年后，全美大部分房价才最终跌到谷底。真正摆脱危机的时间是1848年加州金矿发现后。

在漫长的萧条期，大量投机商、工厂主债务缠身，或身陷囹圄，或四处逃窜，甚至被人追杀。1841年，被废除的破产法议案再次被提交到了国会上。这次辩论的核心是，是否加入强制破产条款。最终，国会通过了该法案。

但是，这部破产法并不是司法的胜利，而是党派斗争与法案交易的产物。1840年前后是美国党争最为激烈的时期，辉格党人为了赢得选举，反对安德鲁·杰克逊总统，选择与北方工商业界达成临时同盟，并以破产法等法案作为交换。

交换的结果是，辉格党的哈里森和泰勒连任总统；同时，南方接受强制破产条款，但该破产法不适用于银行与公司，以保护弱小的南方商业。

不过，当辉格党人当上总统后，南方势力开始反悔，强烈抵制破产法，不到两年，这部破产法便遭废弃。

1857年经济大恐慌再现，破产法立法再度被提上议程。仅1857年，全美就有近5000家企业依据州破产法破产。同时，货币危机冲击银行系统，纽约63家银行中62家已停止支付，实际也已破产。大部分铁路公司的股票跌幅超过80%。

这次立法，两派分歧依然巨大，在强制破产条款上争议延续。同时，是否在联邦法律层面加入破产豁免条款也存在争议。草案最后试图寻找折中路线，在南北方之间来回妥协。1866年，众议院以68票对59票，1867年，参议院以22票对20票，通过新的破产法。

但是，这部法律缺乏广泛共识，南北方都不满，北方一直试图通过最高法院诉讼的方式废除州法规定的破产豁免条款。1878年，国会最终废除了该法。

19世纪，破产法三立三废，完全沦为政治工具，以及经济调节的“夜壶”。破产法存废政治周期与经济周期相吻合，每当经济陷入危机时，国会便匆忙通过破产法以救急。

一位来自南卡罗来纳州的杰出议员约翰·卡尔洪认为：“国家的经济危机源于沉重的债务，只能通过偿还债务来减轻危机。”不过，他却支持以州破产法解决本州的破产问题。

危机过后，破产法又被踢回“床底”。这就是宏观调控扩大化（虽然当时没有这一说法）。

这三部法律加起来总共维持的时间不过16年，总体来说南方农场主势力占据上风，而南方农场主仅希望维持州层面的破产法。事实上，大多数州都制定了州破产法，这体现了南方势力的强劲。

经过反复斗争，北方工商界普遍意识到：联邦破产法是商业实体发展不可缺少的条件。经营意味着风险，破产法与风险是硬币的两面，与有限责任制同属一个制度体系。

一位来自马萨诸塞州的议员丹尼尔·韦伯斯特极力支持联邦破产法。他说：“我认为破产法对债权人极为有利……我深信这会促进公共利益……我坚信成天追债对债权人本身也没有任何实质上的好处，债务监禁……限制人身自由的程度比任何基督教商业国家的调整债权人和债务人关系法律更甚。”

02

奥德赛史　民粹主义者与债权人集团的利益博弈

1893年，美国国会被迫废除白银法案，引发经济大恐慌，不少企业陷入流动性危机，企业破产数量骤升，联邦层面的破产法再次成为提振经济的“夜壶”。

这场危机暴露了州层面的破产法的局限性。19世纪70年代后，全国性的商业组织大规模涌现，州破产法已经难以覆盖全国性的、规模巨大的商业组织。许多债权人跨州讨债屡屡碰壁、苦不堪言。

1880年，许多债权人集团的代表齐聚到圣路易斯，并组成了国家商业实体成员组织，要求制定联邦破产法。债权人集团委托一位来自马萨诸塞州的联邦法官约翰·洛厄尔起草破产法。

洛厄尔次年将该草案（洛厄尔法）递交到国会。当时共和党支持立法，但是民主党强烈反对。

此后18年里，该法律草案的确立陷入漫长的斗争。1884年，参议院通过了该法，但众议院没通过。几年后，债权人集团委托来自圣路易斯一位名叫杰伊·托里的律师起草了一部修正法（托里法）。

1889年，托里法在众议院通过，但随后在民粹主义运动中又被废止。1897年，众议院通过了亲债权人的亨德森法（托里法的一个版本），参议院通过了亲债务人的纳尔逊法。参众两院议员们用了整整四个月才解决其中的分歧。1898年7月，麦金利总统签署了新的破产法案。

“1898年《破产法案》（又称《破产法典》）的立法史是一部长达18年命运坎坷而几近夭折的奥德赛史。”

不过，与前面三部破产法的命运不同，1898年《破产法案》最终成为了美国第一部稳定的破产法。其卓越之处在于，经过长期博弈最终巧妙地平衡了债权人与债务人之间的利益。

当时，来自各商会、贸易委员会以及商业组织关于破产法立法的请愿书塞满了国会的邮箱。托里作为债权人集团代表，为联邦破产法立法奔走十余年。他成为了一个象征、一个符号，是该法案最著名的呼吁者。

农民、民粹主义者、亲债务人代表、南方各州以及民主党立法者，长期与债权人集团斗争，成为该法出台的核心反对势力。

参众两院在亲债权人的亨德森法与亲债务人的纳尔逊法之间达成妥协结果：因反对势力过大，债权人集团不得不有条件地接受债务免责条款，条件是制定一系列法令限制债务人以免责条款逃避债务，甚至用于欺诈。从此，免责条款成为美国破产法的一大特色。

《破产法典》的出台亦是应美国商业大势之需。美国内战结束后，全国统一市场形成。在电气革命的推动下，商业洪流滚滚向前，城市化大势所趋，铁路网络横贯中西部，全国性的商业组织崛起。

这部法令属于商业组织的胜利，对债权人和债务人都有利。《破产法典》打破了过去百年仿照英国的由行政主导的破产法令，将破产界定为市场行为，纳入司法范畴。这很大程度上刺激了美国破产律师业的兴起。

此后十多年里，共和党连续执政，确保了破产法的稳定性。

不过，不管是《破产法典》还是前面三部破产法，抑或是州破产法，主要对象都是个人及小型企业，极少涉及大型企业。

19世纪中期开始，美国铁路投资兴起，铁路公司成为美国第一批大型企业。作为资金密集型行业，铁路的巨大融资需求催生了早期的投资银行。温斯洛 · 莱尼尔等投资公司将铁路债券卖给欧洲及美国的投资者，帮助铁路公司大规模融资。

但是，差不多每隔十年，铁路投资就会过热，引发泡沫危机，接着便是铁路公司债务累累，经济陷入萧条或恐慌。

在1873年经济大恐慌中，向公众大规模发行铁路债券且控制北太平洋铁路的伊杰·库克公司破产。1884年，经济危机再度爆发，超过20%的铁路公司处于破产状态。从1873年到19世纪末，大约1/3的铁路公司倒闭，总计接近700家。铁路公司的周期性崩溃，催生了一种特殊的破产重整程序。由于美国的铁路公司最早源于州政府批准的特许经营公司，其性质依然是私人所有。但大部分民众则认为，铁路是公共性质的，铁路债券的安全性仅次于国债。若铁路公司大规模破产清算，可能会引发社会危机，甚至危及联邦信用。

所以，当时面临的问题是：该如何处理这些资不抵债的铁路公司？

之前每一次破产法立法辩论，都将全国性质大型企业破产排除在外。理由很简单，那就是这些企业由各州颁发经营执照，理应由各州负责到底。1898年《破产法典》明确规定，铁路企业不适用该法。

另外，铁路公司跨州经营，各州破产法差异巨大，各州政府之间很难协调铁路公司破产事宜。铁路公司又不希望联邦政府依照英国的由行政主导的方式直接接管、清算铁路资产。

于是，当时的铁路公司及其债权人没有向国会、联邦政府及州政府求助，而是不断地诉诸州法院或联邦法院。这时，法院摸索出一套司法重整方案，即“衡平法上的接管”（Equity Receivership）。

考虑到大型铁路公司破产可能引发的社会危机，法院提出了一套重整方案：铁路公司申请破产后，法院可以指定接管人（重整委员会）来管理该铁路公司；债权人与债务人根据重整计划，协商出还债计划（一般是部分归还）。

重整往往包括拍卖、重组、剥离等操作，比如重整委员会竞购公司优质资产，剥离不良资产，重组一家公司，并以新的公司主体承担原有部分债务。这样，铁路公司就可以持续经营，甚至能够走出困境，起死回生。

在著名的芒罗公司破产案中，判决该案的州法官就表示，如果将公司拆分破产清算，“这些极有价值的资产将会完全被毁掉”，“债权人的权利和利益以及破产立法的目标和努力都会付之东流”。

这套制度被认为是美国普通法历史上最为华彩的部分之一。

重整制度与铁路的网络效应[①]是高度契合的。若将铁路公司的资产拆分出售，其价值会大幅度降低。若整体出售，且保持运营，其资产更可能盘活。再加上铁路的垄断特征，大规模破产清算及重建将消耗大量的社会资源。

但是，重整失败的案例也并不罕见。一些破产重整的企业苟延残喘，拖延债务清偿的时间；甚至一些大型公司会利用破产重整这一条款威胁竞争对手。

德士古公司就曾经策略性地利用破产重整增加谈判筹码。德士古是一家油气公司，控制着瓦伯什公司（濒临破产）。在1884年的一起案件中，德士古的瓦伯什公司被判向竞争对手支付一笔巨额赔偿金。德士古公司旋即向联邦法院申请，启动瓦伯什公司的破产重整程序。德士古公司把破产当作与对方重新谈判、降低赔偿责任的筹码且获得了成功，两年后，这家公司从破产程序中走出来。

当时的主审法官特里特说：“我们必须要作出牺牲，以满足各方利益……必须让铁路公司继续运营。否则，就像一位很有声望的朋友所说的那样，你将一无所有，留下的仅是残羹冷炙。”

亨利 · 斯维恩在《美国经济协会经济研究》中指出，在研究1870年至1898年间的150起破产接管案例后发现，内部关系人被指定为破产财产的接管人的案件达138宗。这意味着，即使公司破产重整，债权人对公司依然拥有足够的掌控权。

---

① 网络效应是指有一种产品或者服务，随着每一个用户人数的增加，自己本身的价值也会增加。

许多人将破产重整视为“亲债务人”的法律，破产重整制度被认为是华尔街银行家伙同破产律师欺瞒债权人的工具。后来的新政拥护者罗姆·弗兰克直截了当地抨击：“他们简直是在变戏法儿！”

1929年，经济危机爆发，并引发多年大萧条。与过去一样，这场大危机直接推动了破产法的演变。

在大萧条初期，美国普通民众对破产重整的积怨终于在纽约南区的一场关于破产法的丑闻中大爆发。

1931年，威廉·多诺万律师（美国战略情报之父）领导一项针对破产接管案的司法调查。1932年，胡佛总统任命萨奇为司法部副部长发起了后续调查。调查结果（萨奇报告）令人大吃一惊：司法系统严重操纵破产案件。

这场调查共造成12名律师受到指控，其中一名潜逃并自杀，两名被判处监禁，四名被剥夺律师资格；多名合众国拍卖人、监管人及公职人员受到指控。另外，一名联邦法官辞职。

报告公开后，舆论一片哗然。紧接着，特拉华州的两位议员根据萨奇报告提出了一个议案，呼吁对破产法进行大规模改革。

1933年，胡佛任期结束前，国会通过了一部分法令，其中包括个人、农民获得债务重生的条款以及铁路重整的条款。第二年，立法者们还第一次在破产法中加入了大型企业重整的条款。

然而，在破产法修正案正式颁布时，萨奇报告中的主要建议被删除得一干二净。这一事件后，由破产法律师、学术机构及法官联合组成的全国破产会议试图完善破产法令，众议院议员钱德勒也参与其中。

但是到了1936年底，联邦最高法院法官威廉·道格拉斯和证券交易委员会突然干扰了这一立法程序。他们敦促钱德勒和全国破产会议对现有破产法实施激进改革，尤其是大企业破产重整条款。

大萧条期间，民粹主义势力崛起，民众将矛头指向华尔街及大型企业。这时，小罗斯福总统实施新政，国家干预主义向破产事务领域扩张。

道格拉斯等新政改革派借助民粹主义情绪，主张对1898年法案进行大幅度修改，试图把美国破产法修改为英国那样的破产法，即以行政为主导而非司法，强化对债务人的控制。

道格拉斯（他是美国历史上任职时间最长的大法官）曾是耶鲁大学法学院教授，在新政期间担任证券交易管理委员会主席，是这次破产法改革的关键人物。

1938年，在巨大的争议声中，国会通过了钱德勒法案。新政改革派改革了大型公司的破产制度，并写入了破产法（第10章）。

这是自1898年《破产法典》颁布以来最大范围的一次改革，钱德勒法案正式确立了破产重整制度，修订后的《破产法典》有效地将个人破产与公司破产（大型公司破产）结合起来。

个人和公司在申请破产时可以有两种选择：一是债务免责（《破产法典》第7章）；二是债务重整（《破产法典》第13章）。

这次修订的内容大多数针对免责条款和债务重整。立法者设定了免责条件，以打击故意逃债者。

在1937年的破产法听证会上，来自伯明翰的破产仲裁人瓦伦汀·内斯比说："那些不打算偿还债务的或者试图利用法院逃避债务的债务人很快就会被发现。没有人会容忍他们，他们的破产申请马上就会被驳回。"同时，内斯比坚信，新的破产法会使有偿还能力的人感到偿债责任，从而自动选择第13章债务重整。

关于债务重整，道格拉斯非常强势地加入了一个条款：强制为重整债务任命托管人。《钱德勒法》规定，如果债务规模超过25万美元的公司申请破产，就必须为这个公司任命一个独立的托管人。同时，对托管人的条件设置了限制条款，比如托管人必须“与债务人没有任何财产上的利害关系”。

这意味着，债务人不能确保对公司经营权的掌控。新修订的条款还强化了对华尔街银行在破产中行为的限制，这迫使华尔街银行及破产律师逐渐退出了大企业债务重整这一舞台。

至此，美国破产法几近成熟。

03

行以致远　保护债权人与保障债务人的司法平衡

大萧条后，国家主义登上历史舞台，经济自由度受到了抑制，破产事业进入萧条周期。

《钱德勒法》确立后30年间，企业重整的数量大幅度下降，每年申请破产的企业数量在100家左右浮动。破产事业的低迷，对经济长期增长未必是好事。

到了20世纪60年代，立法者开始要求国会对破产法再次进行全面审查。与过去一百多年来每次破产法立法演进源于经济萧条不同，这次法令修订的需求来自经济景气。

“二战”后，美国经济进入经济上行周期。进入20世纪60年代，受福利制度完善、收入稳定增长以及全球化廉价商品输入的刺激，消费主义愈加盛行。进入70年代，布雷顿森林体系解体，投资银行崛起，消费信贷借投资银行和消费主义盛行之势大肆膨胀。

与消费信贷膨胀同步的是，因消费信贷破产的个人破产申请数量急速增加。在20世纪40年代，每年个人破产申请数量才1万多起；到60年代，这一数量接近20万起。全国消费者法律中心创始人维恩 · 康特里曼在立法听证会上指出，消费债务从1945年的300亿美元增至1974年的5690亿美元。

这两个数据令当时的立法者及法官不寒而栗。由于《钱德勒法》大幅度提高了破产门槛，源源不断的破产申请导致破产事业的“堰塞湖”越积越大。这次破产法修订的目标正是化解破产事业的“堰塞湖”危机。

从60年代末开始，国会就着手修正破产法相关工作。国会于1970年批准建立全国破产审查委员会。三年后，委员会给出了一份极其详尽的调查报告。报告提出了大量的改革建议及每一项改革的原因。

他们建议成立一个政府行政机构，即美国破产行政管理局，来承担原有破产法官行使的行政管理职责；建议国会制定统一的联邦财产豁免标准；呼吁扩大破产法律的适用范围；建议加强对消费债务人的保护。

破产法官被排除在破产审查委员会之外，不过他们通过全国破产法官协会提出了自己的破产法改革方案，方案的主旨是让破产事务回归到司法主导的时代。与破产审查委员会一致的是，他们也呼吁扩大破产法适用范围。

1975年，参众两院分别对破产审查委员会和破产法官协会提出的议案举行听证会。最后，经过破产审查委员会和破产法官协会相互妥协让步，这两个议案被参议院合并为一个议案。

1978年，经过多次广泛的听证，参众两院达成了妥协方案：不设立破产管理机构，赋予了破产法官更多的权力。这意味着，破产事务再次回归到司法主导的层面。

同时，修订法赋予了债务人财产豁免权，债务人有权保留一定的财产，如2400美元以下的汽车、8000美元以下的日用家居，以及15000美元以下的房产等，这些财产用于维持债务人的生计。豁免财产制度给债务人提供一定的基础以帮助其重新振作起来。

这次改革一个重要的方向是扩大破产法的适用范围。20世纪70年代美国经济陷入滞胀危机，高失业及收入不稳定一定程度上加剧了个人破产申请数量的增加，促使国会就扩大适用范围快速达成共识。

新修订法律降低了破产免责和破产重整的条件。无产可破的债务人可根据破产法第7章申请免责破产，无须进行财产的拍卖，就可立即直接获得债务免责。不过，为了避免免责条款被滥用，第7章保留了“债务人不得免除因欺诈性财务报告而引起的任何债务”，同时提出了针对信贷消费的条款、收入调查制度以及符合《公平合理信用报告法》的个人信用审查制度。

1978年破产法颁布后，美国个人破产申请数量大规模增加，从1978年的172423起飙升到2005年的1782643起，增长近10倍。1996年，申请破产的个人超过100万，创下美国历史纪录。2007年次贷危机爆发，之后连续五年个人破产申请数量破百万，其中300万家庭失去了房产。近些年，美国将近75%的个人破产案件为“无产可破的案件”。

在关键的债务重整方面，1978年破产法也放宽对托管人的限制，赋予债务人对公司更大的控制权。若选择重整，至少在破产申请提出后的最初四个月中，只有债务人可以提出重整方案。同时，降低由债权人自己选举破产托管人的比例至20%。

四个月后，债权人可以要求债务人聘用一位首席托管人为债务人的管理层提供建议。2002年世界通信公司破产案中，债权人提供了三位首席托管人候选人，要求世界通信公司必须聘请其中一位。

20世纪70年代，自由主义崛起，1978年破产法摆脱了新政干预主义，再现自由与风险理念。这部法律促使美国破产事业重新回归司法主导、以律师为中心。

不过，博弈一直都没有停歇过。1997年信贷债权人集团提出了新的法案，对债务人的免责提出极为严苛的标准。比如，如果债务人收入可以偿还10000美元债务，或者可以偿还四分之一的无担保债权，债务人就不能获得债务豁免。又如，加入“信用卡条款”，因欺诈而承担的信用卡债务列入不可免责的范围。

国会最终通过了该法案，但是关键时刻克林顿总统在希拉里的影响下行使了否决权。

2005年，信贷债权人集团卷土重来。小布什总统签署了国会通过的《破产滥用预防及消费者保护法案》。有意思的是，时任参议员希拉里一反常态，投下了赞成票。

这部法令大幅度提高了个人破产的门槛：引入收入测试机制，限制债务人在第7章和第13章之间选择的权利；提高破产申请费用；缩小自由财产的范围；限制债务人在第13章程序中主动提出清偿期限及清偿比例的权利；等等。

总体来说，破产法在各方利益博弈中日趋完善，且富有效率。进入90年代后，为了鼓励快速高效的破产重整，允许给管理层设置特别奖金。进入21世纪，科技型企业破产比重增加，这类轻资产企业大多选择破产清算，而非重整。

另外，在财产隐匿、撤销偏颇性清偿的权利等方面还有着更详细的要求：在申请破产之前一段时间内不得偿还部分债权人，而置其他债权人于不顾，因为这会导致债务分配不公，甚至存在隐匿、转移财产的嫌疑。法院可以撤销申请破产前90天内对无担保债权人所做出的财产转让。对于债务人对内部债权人偏颇性清偿的追索期限可以延长到一年。

如今，破产理念作为市场理念的一部分，已根植于美国商业界及个人心中。不少人认为，与有限责任制一样，破产法可能引发道德风险。弗莱堡学派创始人瓦尔特·欧根认为，“有限责任”可能激励企业家过度冒险而做出错误的决定。破产法是否也有这样的弊端?

但是，债务人却认为破产是债权人放贷太过随意的代价。正如商业银行打破刚兑一样，有限责任倒逼商业界强化风险意识，破产法倒逼债权人强化风控意识。

债的本质为流动性。作为流动性的债务，意味着所有权与风险的让渡。美国著名人类学家和无政府主义者大卫·格雷伯在其《债：第一个5000年》一书中这样指出：“一旦我们理解了债务的社会起源，就会乐于在条件发生改变时重新协商债务问题。”不管是远古时代，还是信用货币时代，以债释放的流动性规模（信贷）都远远超过货币盈余本身。在《债：第一个5000年》的最后，格雷伯开出一剂“药方”：免除所有国际和消费者债务。

他认为：“这会奏效，因为它不仅能消除人们切实的苦难，而且提醒人们，金钱并非妙不可言，还债不是道德的核心，这一切都是人为的安排。”

斯基尔在《债务的世界》一书的最后指出，美国破产法的制度安排别具一格，其他国家正在吸收这一制度。然而，这注定裹挟着各种政治角逐、利益博弈与意识形态对抗。

人类经济增长的过程便是一个不断制造激励制度并对外释放风险的过程，市场、确定性、风险与有限制责任、破产法如影随形。当今世界，市场经济洪流滚滚向前，全球债务浪潮袭来，唯有借破产法之方舟才能行稳致远。

纵然如此，重商主义者托马斯·孟的箴言依然值得铭记：唯有贸易盈余才是财富。

参考文献

[1] 许德风.破产法论：解释与功能比较的视角[M].北京：北京大学出版社，2015.

[2] 小戴维 · A. 斯基尔.债务的世界：美国破产法史[M].赵炳昊，译.北京：中国法制出版社，2010.

[3] 拉斯 · 特维德.逃不开的经济周期：历史，理论与投资现实[M].董裕平，译.北京：中信出版社，2012.

[4] 大卫 · 格雷伯.债：第一个5000年[M].董子云，孙碳，译.北京：中信出版社，2012.

回顾百年经济危机史

2008年9月16日，周二，下午4点，美国白宫罗斯福厅正在召开一场最高级别的会议，乔治·沃克·布什总统直言不讳地问道："我们怎么走到了今天这个地步？"

美联储主席本·伯南克和财长亨利·保尔森坐在白色沙发上，面面相觑……

01
尼德兰[1] 有限责任与冒险的开始

16世纪，西班牙人、葡萄牙人捷报频频，他们从中美玻利维亚波托西带回了白银，从亚洲印度带回了香料和胡椒，从中国带回了丝绸和陶瓷。

一场为逐利而冒险的游戏开始了……

1600年前后，激情彪悍的尼德兰人按捺不住了。在短短几年时

① 旧时尼德兰地区所包括的区域相当于荷兰、比利时、卢森堡和法国北部部分地方。

间，他们在亚洲陆续建立了14家贸易公司，与西班牙人、英格兰人争夺市场。每天几十艘商船在印度争相收购胡椒和香料，如此一来，印度当地收购价大涨，国内价格反而下跌。如此下去，尼德兰人必然血本无归。

1602年，一位名叫约翰·范·奥尔登巴内费尔特的政治家开始积极在这些公司间斡旋，试图联合统一收购及运营这些公司。很快，荷兰议会批准这一大型联合公司的成立，颁发了东印度公司成立特许状。

与一年前率先成立的英国东印度公司不同，荷兰东印度公司采用了一种新型的公司制度——他们聚集了约650万荷兰盾资本，成立了历史上第一家股份制公司。

按照股份协议规定，出资时间以10年为一期，并且在出资期间不得擅自撤资退出。新的投资者与原投资者则必须在10年后的“一般清算”时，才可加入与退出。

这一规定意味着，首次分红是在10年之后，而远洋贸易又是一种极高风险的投资，一些投资人为了规避风险，开始想办法、讲故事，试图抬高手中的股票价格转卖，以转嫁风险、套利退出。

随着荷兰东印度公司带回来的香料、胡椒、茶叶越来越多，股票洛阳纸贵，价格也逐渐攀升，股票交易积少成多，阿姆斯特丹逐渐形成了世界上第一个股票交易市场。

尼德兰地处欧洲西北角洼地，长期不被神圣罗马帝国“关照”。但凭借港口地区优势，各国流民、无产者及海盗聚集此地，从事渔业、船运及贸易生意。不受宗教控制的尼德兰人具有强烈的冒险基因和创新动力。

尼德兰人创立了世界上第一家股份公司和第一个股票交易市

场，催生了股份公司制和股票交易制。这两大制度成为现代经济制度的基石，也是现代工业文明、财富创造的核心力量。

但是，股份公司制和股票交易制也同样制造了一种市场风险——有限责任。

在此之前，无论欧洲公司，还是中国商行，其投资人与经营者均合为一体，且以家庭财富、精神人格、债务承袭作为担保展开经营。之前，哥伦布的航海计划遭到了葡萄牙、英国、法国等国王的拒绝，原因是这是一个高风险且承担无限责任的投资。西班牙王后慧眼识才，拿出自己的私房钱资助哥伦布航海，但也是一桩豪赌。

而股份制公司则完全不同，投资人以入股资金作为风险担保，而无须赔上全部身家；投资人与经营者分离，投资人可以通过股票交易市场随时套现退出，将投资风险转嫁给其他人；股份制公司作为一个独立的法人主体参与竞争，承担一切法律责任与后果。

投资人只承担“有限责任”，还能随时退出，这无疑极大地激发了市场的冒险精神，鼓励投资者、投机者跨越重洋攫取暴利。

所以，尼德兰人手持股份公司制和股票交易制，在“有限责任”的驱使下，驾驶无数商船在各大洋上驰骋，在之后的100年内以制度性优势压倒了以伊斯兰商人为代表的亚洲各地商人、曾经先入为主的葡萄牙商人以及较晚涉足的英国商人势力，成就了“海上马车夫”之名，尼德兰也成为第一个崛起的资本主义国家。

但是，尼德兰人最终为自己的狂热、冒险与创新付出了代价。他们是第一个吃螃蟹的人，也是第一个吃瘪的人。

1636年，尼德兰人日渐富有，附庸风雅和投机行为也愈演愈烈。当时，由土耳其引进的郁金香受到当地人的喜爱，出现抢购风潮，引发价格上涨和球根短缺。

诱人的投资机会再次激发了尼德兰人的冒险基因和创新精神，他们创造了杠杆制度和期货交易制度来炒作郁金香球根。按照他们制定的交易规则，投资者只需少许预付款即可完成交易，甚至不需要现金和球根的现货，开出一份“明年四月交付”“那时候会交付球根”的票据即可。

如此一来，价格受杠杆撬动继续疯涨，市场大肆炒卖票据，面包师、码头工人、农民都加入其中，需求进一步膨胀。为了解决当时货币短缺问题，投机商接受家畜、家具等可抵押换钱的东西充当货币购买，这就相当于创造了更多可支付的货币，释放了更多流动性，价格进一步疯狂飙升。

1636年，1株价值3000荷兰盾的郁金香可交换8头肥猪、4只肥公羊、2吨奶油、1000磅奶酪、1个银制杯子、1张附有床垫的床外加一条船。价格最高时炒到4200荷兰盾/株，相当于一个熟练工人20年的收入总和。1637年2月初，郁金香价格突然暴跌，泡沫崩溃，票据无法兑现，超过3000多人因此负债累累，当然也造就了少部分暴发户。

这是近现代以来第一次泡沫危机，杠杆制度、期货票据制度以及货币扩张释放流动性——这些尼德兰人创造的风险制度无疑是这场危机的始作俑者。但是，这场危机只是一次投机泡沫，并非典型意义上的经济危机。换言之，它的触发点并非来自现代制度的核心——股份公司制和股票交易制，也没有伤及实体经济。

但是，尼德兰人的这套制度很快被后来居上的英国人套用了。在制度的激励性下，英国的股份公司大规模兴起，越来越多贵族和平民投资公司股票。

1720年，伦敦市场疯狂炒作南海公司股票，股价从年初的128

英镑飙升至7月的近1000英镑。在利益的驱动下，英国许多类似的贸易公司纷纷效仿南海公司发行股票，进行投机活动。

南海公司为维持自己垄断地位，促使议会通过《泡沫法令》，结果泡沫破裂，南海公司股价暴跌至1720年12月的124英镑，绝大多数投资者血本无归。这就是著名的南海泡沫危机，“泡沫经济”一词也正是来源于此。

南海泡沫危机让世人第一次见识到股份公司制和股票交易制的风险，但当时的投资者不会从制度上找原因，而是选择“愿赌服输”。在此次危机中损失了20000英镑的牛顿留下了一句名言：“我可以计算天体运动，但无法计算人类的疯狂。”

实际上，自资本主义兴起以来，至今也极少有人发现人们创立的这套经济制度本身蕴藏着无数风险。如此，不可避免的事件最终一次次爆发。这印证了《圣经》中那句话：“已有的事，后必再有；已行的事，后必再行。日光之下，并无新事。”

02

英格兰　完善制度与过剩性的产能

实际上，股份公司制和股票交易制，还延伸出了一个制度——代理人制度。投资人与经营者分离，意味着经营者演变成了代理人。

代理人制度在公司里面则是职业经理人制度，是当今经济体系中的重要制度之一。代理人制度摆脱了投资人的经营能力局限，催生了专业化的职业经理人、管理者、企业家，甚至创业者，极大地提高了经营效率。

但是，代理人制度与股份公司制和股票交易制一样，也是一项只需承担有限责任的风险性制度。作为经营者，代理人无须对公司的投资亏损、经营失败承担最终责任，只需要按照劳动契约及职业操守，完成投资人下达的任务目标即可。

这项制度在创造巨大财富的同时，也导致机会主义、代理人寻租、逆向选择、欺诈股东等代理人问题的出现。

2008年，华尔街金融代理人肆无忌惮地大发次贷，最终引发金融危机，使得美国百万中产的毕生财富付之东流。但是即使在危机期间，金融代理人依然可以按照劳动契约获得丰厚年薪。美林公司CEO塞恩年薪为1500万美元，贝尔斯登CEO凯恩在公司倒闭前还赚取了1100万美元。

股份公司制、股票交易制和代理人制度，最终在英国、美国"盎格鲁—撒克逊"经济圈发扬光大，英美金融家、政治家做了大量的货币制度、金融制度、财政制度创新。

从18世纪到19世纪，英国建立了一套完整的工业体系，不仅包括覆盖全行业的制造网络，还包括一系列的工业化管理制度。19世纪，伦敦已经成为全球金融中心，英镑也成为独一无二的世界货币。

不过，当时的工业化制度依然是以股份公司制和股票交易制为核心，并没有过多的金融创新。工业化制度更多地服务于实体经济，因而这一制度造成的危机也多数反映为制造业产能过剩，而非金融泡沫。

制造业产能过剩的根源，从外在因素来看是当时受到以蒸汽机为代表的技术革命的冲击，内在则是“有限责任制度”刺激的结果。

自从1788年英国爆发第一次过剩性危机以来，一直到1825年，英国一共发生了7次经济危机，几乎都是过剩性经济危机，危机的严重性和波及程度一次比一次大。

不过，当时的经济学家们对眼前屡次爆发的经济危机不以为然。亚当·斯密开创的古典主义追求均衡的“自然秩序”，强调市场价格、供给、风险、竞争等机制的自我调节，否定经济危机和失业的长期存在。

按照经典的供求第一定律，每次过剩性危机发生后，市场都会出现一定的自然修复，产能、消费、投资都进一步扩大，然后又恢复到均衡状态。古典主义者萨伊的观点则更为激进，他主张“无经济危机理论”，认为“供给可以创造需求”，谁也不会为生产而生产，所以社会的总需求始终等于总供给。

不过，与李嘉图、萨伊生活在同一时代的法国政治经济学家西斯·蒙第则是古典主义第一位“离经叛道者”。他认为，古典主义倡导的自由市场机制不能自洽，最终会因为消费不足而产生生产和消费之间的矛盾，使得经济危机不可避免。

蒙第在1819年出版的《政治经济学新原理》一书中指出，“人们所受的各种灾难是我们社会制度不良的必然结果”。蒙第第一个质疑自由放任制度：“我再一次请求社会力量的干涉，以便使财富的进步正常化，而不使政治经济学遵循一个最简单的、在表面上好像最自由的所谓‘自由放任和自由竞争’的方针。”

实际上，并非市场本身“自由放任”，而是尼德兰人设计了、英格兰人完善了一套激励人冒险的、自由放任的制度。古典主义者一直不明白，如果市场具有如此强大的自愈调节功能，为什么经济危机会屡屡爆发，甚至在20世纪30年代引发大萧条呢？为什么市场机制最终会崩溃呢？

经济学家没有意识到，股份公司制度和股票交易制度实际上为市场机制开了一道敞口——有限责任。这个敞口就成了开启市场失灵的钥匙。

18世纪下半叶开始，英国进入了蒸汽机革命时代，并引发了纺织制造产业的变革。1764年出现的手摇珍妮纺纱机，使纺纱效率提高了20倍左右；从1771—1788年，阿克莱水力纺纱机工厂增加到了143家；1785年起，瓦特的蒸汽机开始迅速应用到棉纺织业。纺织业生产效率大幅度提高，大大超过了市场需求。1788年，纺织业过剩性危机爆发，纺织品及原料堆积如山，棉花进口额下降12%。

表面上看，这是一场完全由技术冲击带来的产能过剩性危机，但实际上，技术变革受到经济系统的掌控。核心的问题在于，为什么纺织工厂主会大规模扩建工厂、大规模扩张产能呢？

纺织工厂主或许处在一个信息不对称的环境之中，然后在跨期调节时出现决策失误，以至于库存积压、销售受阻，但这里面有一个刺激因子，那就是有限责任制度。这场危机导致超过半数工厂破产。倘若实行的是无限责任制，这些工厂主是否会豪赌身家性命，肆无忌惮地扩张产能呢？

5年之后，纺织业又发生了过剩性危机，这次危机引发的工厂倒闭潮还牵连到数百家银行。有限责任制度运用到金融系统之后，带来了更大的风险。首先是股份制银行，股份制银行是一种净资产极低的运行机制，主要从事人际、时间、空间的资产配置。但是，由于净资产过低，一旦市场波动就容易引发挤兑导致银行破产。在“二战”之前，银行破产是家常便饭的事情。为什么银行家如此“心大”？

原因也是有限责任制，银行家以有限的极少的资产作为银行所有经营风险的担保，这就相当于以小的筹码撬动大的买卖，银行家自然容易忽视银行经营风险而给工厂主大肆放贷。如此，在有限责任制度中，从银行，到工厂，再到股票市场的投资人，没有人为整个经营风险承担最终的责任，每个链条都只是由一个个承担“有限责任”的法人负责。

金融制度创新加入债券后则更为复杂。19世纪初，面对频频爆发的产能过剩性危机，英格兰银行的业务逐渐转向公债市场，大幅度缩减了国内私人贷款。从1821年到1825年，英国人豪赌美洲市场，伦敦交易所共对欧洲和中南美洲国家发行了4897万英镑公债。如此一来，中南美洲纺织品需求量大幅度增加，投资迅速走热。1825年下半年，供给严重大于需求，纺织品开始下跌，中南美洲投资泡沫崩盘，超过3000家企业倒闭，纺织机械价格大跌80%。由于本轮增长得到国债和信贷大力支持，危机外溢到金融系统，股票价格暴跌，近百家银行破产。1825年底，英格兰银行的黄金储备从1824年底的1070万英镑降至120万英镑。

不过，英国人还是保守的，真正将金融制度创新发挥到极致的是美国人。

03
美利坚　制度创新与冒险家的天堂

北美在对英国的战争中取得胜利之后，东部十三个州成立美利坚合众国。但是，由于独立战争期间发行了大规模战争债券，刚刚成立的美利坚联邦政府债台高筑、国库亏空。作为第一任财长，汉密尔顿深感任务重、压力大。

不过，汉密尔顿很快展现了一位政治家的远见以及财政专家的智慧。在如此艰难的情况下，他推行了一套整顿财政和发展经济的施政纲领，逐步建立了美国财政金融体系。

为了偿还到期的债务以及利息，汉密尔顿于1790年制定并推出了长期政府债券，发行了面值高达6400万美元左右的“长期国债”，并承诺偿还所有战争债务和长期政府债务。

但是，当时联邦政府没有开征税收的权力，汉密尔顿对威士忌酒征收消费税还酿成了西部边境地区农民的抗税暴乱。如此财税不进、借新还旧，国家信用迟早要崩溃。

原来，联邦政府的底气来自1785年和1787年先后出台的《关于西部土地测量和出售法令》和《西北法令》。这两部法律明确了可将“国有土地私有化”，承诺出售公共土地所得“用于偿还债务或者履行偿债业务”。

但是，美利坚是以“私有产权”立国的国家，绝大部分土地掌握在私人手上，能卖的国有土地非常有限。

一个偶然的事件促使美国国运出现了转机。

1803年4月，一桩历史上最神奇的大买卖发生了。美国总统杰斐逊与法国拿破仑签署了一份协议，法国将214万平方公里的路易斯安那以1500万美元价格出售给美国。这笔买卖里，美国人大赚特赚，相当于3美分一英亩买到了一大片宝地。

联邦政府为了支付购地款，向外国银行借了不少钱，政府财政负担进一步加剧，于是，联邦政府决心盘活路易斯安那这片广袤之地，开启大规模卖地模式来偿还日益紧迫的巨额债务，这就是美国土地财政的开始。

在清理完西班牙人、法国人以及印第安人“钉子户”后，联邦政府以1.64美元一英亩的价格大规模卖地，购买土地的最低限度是160英亩。随后，大批东部移民和欧洲移民进入路易斯安那投资置业。这场轰轰烈烈的西进运动，开启了新移民心中的“美国梦”。

当然，最大的获益者当属美国联邦政府。到1853年，美国国土面积达303万平方英里①，比宣布独立时的版图面积增加7倍多。联邦政府拥有大量领土支配权，此时公共土地收入构成了联邦收入的主要部分。土地出售收入占联邦政府收入最高年份达到48%，比例远高于中国的最高纪录。

到了1837年，联邦政府在土地财政的帮助下，终于还清了所有的债务，而且国库中还有大量的盈余。美国只用了30多年时间，就依靠大规模的土地财政巩固了联邦财政和国家信用，也为美国之后的金融大厦建造了雄厚的底座——以国家信用为依托的国债。

汉密尔顿还为美国引入了银行制度，1791年由国会批准设立了合众国银行。

合众国银行是一家在美国主要发达城市都拥有分支机构的国家

① 英里为英制的长度单位，1英里 = 1.609344千米。

银行，属于中央银行的范畴，联邦政府拥有20%股份。这个银行把联邦的税收和其他收入作为存款，并为政府提供偿付服务，同时帮助政府贷款融资。

合众银行、纽约银行成立之后，美国私人银行开始兴起，到1795年，美国拥有20多家州特许银行和5家合众国银行分行。

同时，美国人从欧洲引进了股票交易制度，一些经纪人在华尔街梧桐树下成立了一家证券交易俱乐部，之后费城、纽约、波士顿的股票交易也活跃起来。

所以，到了19世纪美国的金融体系已经完善，债券、银行、股票、股份公司等制度发挥了巨大的推动作用。

但是，到了1837年，这一冒险的制度组合开始发挥巨大的破坏力。在土地财政的推动下，大量投机资金涌入房地产、铁路等领域。与此同时，政府又颁布实施了自由银行法，设立银行的最低资本金下调至10万美元，大批商业银行快速兴起，并提供大量信贷，房地产价格疯狂上涨，市场投机趋于失控。

拉斯·特维德在《逃不开的经济周期》里生动地记录了这一场恐慌危机：

“1832年仅有5900万美元，到1836年已经疯涨到了14亿美元——仅仅4年的时间竟然大幅上涨了137%……大量的流动性是由那些新开的银行创造出来的……这些钱并没有投资到新兴产业，其中大部分都流进房地产业用于投机。”

“纽约所有东西的价格都高得离谱……房地产价格的飞涨并不限于纽约一个地方；芝加哥的土地价值也已经从1833年的156万美元涨到了1836年的不低于10000万美元——3年之内令人难以置信地暴涨了6400%。”

1836年7月，对纸币极为不信任且痛恨投机行为的杰克逊总统签署《铸币流通令》，规定大多数购买土地的交易必须采用黄金或白银支付。杰克逊希望以此来遏制全国的地产投机活动。

此时，联邦政府财政出现盈余，但国会表决要求将财政盈余分配给各个州。根据该项决议，从1837年1月2日开始，联邦财政部每隔3个月就要从纽约的主要银行提取900万美元，然后将这些钱分配到各个州。

这一法令和财政部从市场中“提取”贵金属的做法，相当于直接抽调了市场的资金，房地产和银行市场立即陷入紧缩。联邦财政部提取第一笔900万美元时，推倒了第一块多米诺骨牌，接着民众恐慌与一系列的破产事件发生，房地产进入疯狂抛售的恶性状态，大量银行因挤兑而倒闭。1837年底，全美所有银行都停止了金币兑付，股票市场大跌，90%工厂停工和大量工人失业。这就是著名的“1837年美国大恐慌”。

1837年3月《先驱报》一篇社论这样写道：

“美国从来没有处于现在这样的危险境况。我们现在被商业恐慌包围着，这场恐慌正在发出巨大的威胁，它要破坏我们社会的一切事物——要毁灭我们的整个构架，要把大片地区变成废墟，要把我们一半的银行机构从地面上抹掉，要点燃那些最浮躁的热情，并且制造突变，最终让我们的国家停滞不前。”

到底是什么让人享尽荣光与浮华，又受尽屈辱与惊恐？

人们还来不及总结，当加利福尼亚金矿被发现之后，淘金者又迅速地涌向西部，经济也逐渐复苏，一轮新的投机又疯狂开始了，一轮新的制度创新也开始了，并逐渐将这个制度与利益集团捆绑。

19世纪末，美国企业家已经在镀金时代积累了大量的资金，他们开始以金融财团的方式控制产业经济。

1879年，洛克菲勒的律师说服40家石油公司的拥有者，将公司股份都交给洛克菲勒控制的托管人（实际控制人为摩根），这样，一个40多家石油公司组成的巨型帝国——标准石油托拉斯[①]诞生了。这是摩根成立的世界上第一个托拉斯组织。此后，焦糖、钢铁、铁路、电影、电信、汽车、电力等都以这种方式被托拉斯巨头控制。

当时华尔街有个段子："上帝在公元前4004年创造了世界，但1901年，世界又被J.P.摩根先生重组了一回。"

托拉斯的出现，将股份公司制度、股票交易制度、信托制度、债券交易制度全部捆绑在一起，形成一个巨大的利益集团，通过制度和利益捆绑的方式最大限度地垄断市场，降低风险，攫取利润。

但是，如此庞大的机构依然无法回避制度内在的风险性。由于托拉斯控制金融系统，掌控着雄厚的金融资本，导致股票投机更加猖獗，并不断地引发金融危机。

从1837年到1929年，将近100年间，一共发生了10次经济危机，10年左右一次。而每一次经济危机都与股票投机，尤其是与铁路股票投机有关。

具有代表性的是1857年爆发的、实际上也是第一次世界性的经济危机。这一时期，欧美主要国家投机活动猖獗，许多银行凭借

---

① 托拉斯，英文trust的音译，垄断组织的高级形式之一，是指在同一商品领域中，通过生产企业间的收购、合并以及托管等形式，由控股公司在此基础上设立一家巨大企业来包容所有相关企业来达到企业一体化目的的垄断形式。通过这种形式，托拉斯企业的内部企业可以对市场进行独占，并且通过制定企业内部统一价格等手段来使企业在市场中居于主导地位，实现利润的最大化。

空头期票，大肆发放出口信贷，参与股票投机，制造了严重的资产泡沫。投机活动带动物价上涨，工业扩大生产，当泡沫破灭时则陷入产能过剩旋涡，工业部门全面减产，大量工厂倒闭。受到打击最为严重的是银行业，当年与纽约进行金融争雄的费城，全部银行都停止支付，费城金融从此一蹶不振。纽约63家银行中62家遭挤兑而停止支付，铁路公司的股票跌去85%。

1873年，铁路投资及投机过热再次引发金融危机。9月，美国著名的投资银行杰依—库克金融公司因铁路投机破产引发蝴蝶效应，5000家商业公司和57家证券交易公司相继倒闭。

1882年、1890年和1900年，因铁路投资泡沫以及股票投机，爆发了三次金融危机。

1907年，发生了一次著名的世界性经济危机。其时，电气革命带来的正技术冲击依然持续且在投机市场上愈演愈烈。铁路及相关工业带动美国经济异常繁荣，工业原材料价格也迅速上涨。美国第三大信托公司尼克伯克信托公司大肆举债，关于该公司即将破产的传言引发华尔街大恐慌。当时纽约有半数银行贷款都被信托投资公司投注在高风险的股市和债市上，恐慌发生后银行家们纷纷收回贷款，股市一落千丈，金融危机由此而生。

由于摩根是尼克伯克信托公司的股东，在这场危机中摩根组织华尔街巨头出手救市、力挽狂澜，一定程度上降低了危机的波及程度，但此次危机还是造成美国几百家信贷公司破产，大量银行倒闭，超过30家铁路公司倒闭。

身处在这个动荡时代的法国经济学家克里门特·朱格拉于1862年在《论法国、英国和美国的商业危机以及发生周期》一书中提出了市场存在着9~10年的周期波动。后人将朱格拉的周期理论称为

“朱格拉周期”，它反映的正是投资泡沫周期。

到了20世纪20年代，美国进入了“咆哮的20年代”。

美国经济总量早已跃居世界第一，纽约华尔街成为世界经济的中心，美国储备黄金总额已达世界黄金储存量的1/2。柯立芝总统声称，美国人民已达到了“人类历史上罕见的幸福境界”。

04
大萧条 政府接管与风险的回归

1929年11月13日，农产品批发商卡特勒走进了位于七楼的“惠誉和格兰特华尔街律师事务所”，想要与合作伙伴格兰特·福克斯说几句话。当有人不断地告诉他福克斯人不在时，卡特勒变得越来越焦虑不安。最后，卡特勒再也忍受不下去了，心神错乱的他爬上了窗台跳了下去。

卡特勒成为了1929年这场危机中第一批自杀者中的一员。但他的跳楼，只是开始。

美国“人类历史上罕见的幸福境界”最终定格在1929年10月28日，史称“黑色星期四”。这一天，纽约股票市场价格下跌12.8%，大危机由此开始。

随后，股票价格以平均每天18点的速度狂跌，所有人都惊慌失措，他们涌入交易大厅，疯狂卖出手中的股票，以至于股票行情自动收录机已跟不上股票市值迅速下跌的行情。很快，纽约主要股票的价格缩减超过2/3，260亿美元化为乌有，成千上万美国人一生的积蓄在几天内消失不见。

股市大崩盘引发市场大恐慌，进而全面波及全球实体经济，紧接着大量银行倒闭，工厂关闭，家庭破产，工人失业，无数人流离失所，不少曾经的华尔街精英沦落街头谋生，一些人选择以卡特勒的方式终结余生。

大萧条意味着市场完全失灵，新古典经济学彻底崩盘，当整个世界都陷入恐慌之际，经济学家们目瞪口呆、困惑不已。这个时候，一位名叫约翰·梅纳德·凯恩斯的英国经济学家站了出来，在灰暗、令人惶恐的世界中指出了一个方向——政府接管。1936年，这一措施的理论成果——《就业、利息和货币通论》出版了。

实际上，面对不断爆发的金融危机，以及托拉斯组织疯狂投机的举动，美国联邦政府也不是毫无作为。他们在法律制度、政府监管、银行体系改革等方面做了不少工作，代表性的有《谢尔曼反托拉斯法》、罗斯福新政、成立美联储以及布雷顿森林体系。

从19世纪70年代起，美国社会就出现了格兰奇运动①、绿背纸币运动②，相继涌现了反垄断党、联合劳动党、农民联盟等几十个小党，底层农民、小企业主爆发的轰轰烈烈的运动，打破了镀金时代沉默的政治空气。

政治家们为了迎合平权运动和反托拉斯思潮，发表平权主张以获得民意支持。1888年的总统竞选活动中，所有的候选人都发表声明谴责托拉斯，其中最为积极的一位是来自俄亥俄州的约翰·谢尔

---

① 格兰奇运动兴盛于19世纪70年代，是由美国农民自发组织反对有差别收费、反对垄断与中间商、保护农民利益的运动。

② 绿背纸币运动是指19世纪70年代美国农民反对政府采取收缩通货、提高币值政策的运动。

曼参议员。

谢尔曼在总统竞选中最终败给了本杰明 · 哈里森。虽然没有成功当选总统，但作为参议院财政委员会主席，谢尔曼在当年提交了一份议案，希望通过联邦征税权来控制托拉斯。在国会上，谢尔曼向托拉斯组织发出了掷地有声的控诉："如果我们不能忍受一个拥有政治力量的国王，那么我们也不能忍受一个控制各种生活必需品生产、运输和销售的国王。"

1890年4月8日，谢尔曼所提交的法案在参议院以51∶1通过；6月20日在众议院以242∶0通过。7月2日，总统哈里森签署了该法令，即《保护贸易及商业以免非法限制及垄断法案》，也以谢尔曼命名，简称为《谢尔曼反托拉斯法》。

《谢尔曼反托拉斯法》被誉为"经济宪法"，但实际上在当时它是一部非常简陋、含糊的法律。由于遵循英美判例法系，《谢尔曼反托拉斯法》全文不到一千字，不管是正文和附件都没有对垄断及垄断行为进行定义。这部法律的出台及之后几十年的执法，几乎没有经济学家参与，甚至连谢尔曼本人也说不清楚这部法律具体要监管什么。可以说，这部法律的诞生实际上是政治妥协的一种结果。

所以，《谢尔曼反托拉斯法》诞生十年间几乎成了一纸空文。1904年美国共有318家托拉斯，其中93%是1890年该法出台后建立的。

1901年，美国总统威廉 · 麦金莱被无政府主义者刺杀身亡，副总统西奥多 · 罗斯福（老罗斯福）接任总统一职。对托拉斯深恶痛绝的老罗斯福上台之后便对摩根砍下反垄断的第一刀。老摩根不可能想到，这位曾经得到他支持和资助的年轻政治家，居然率先对自己开刀。

1902年，联邦司法部对北方证券发起反垄断诉讼。老摩根在他的寓所里听到了这个坏消息后，愤怒地赶往白宫，质问老罗斯福总统："如果我们有错，你可派人来和我的人谈，他们肯定能够把事情摆平。你为什么不打招呼就直接提起诉讼，而不事先通知我呢？"老罗斯福回答说："我并不是要摆平一件事，而是要制止它。"

1903年，最高法院大法官们以5：4判决裁定该公司违反了《谢尔曼反托拉斯法》，下令其停止垄断行为。此后，老罗斯福一口气发起44起针对大企业的法律诉讼，其中25起胜诉，成功解散了牛肉托拉斯、石油托拉斯、电信托拉斯和烟草托拉斯等。当时，人们给他送了"托拉斯驯兽师""托拉斯爆破手"的外号。

除了《谢尔曼反托拉斯法》之外，另外一个制度创新就是成立美联储。

历史上，由于美国公众对中央银行的敌意，导致中央银行两次设立两次解散：1811年，美利坚第一银行解散；1836年，美利坚第二银行作为国民银行的执照到期，因为1832年银行执照展期的议案被安德鲁·杰克逊总统否决了。

1836年后，由于美利坚第二银行没有延续展业，美国金融市场没有最后贷款人为银行体系提供准备金，以防止银行业恐慌挤兑，于是到20世纪初期，美国银行危机频频发生，几乎每20年一次。其中，1907年的金融危机导致大范围的银行破产和储户损失惨重。严峻的事实教育了美国公众：需要建立中央银行，以防止银行业再现恐慌危机。

但是，美国公众对建立中央银行的共识达成并不容易。人们主要有两种担忧：一是华尔街的金融机构可能操纵中央银行，继而控制经济；二是联邦政府掌管中央银行运作会导致政府过多干预私人银行事务。在中央银行应当是一家私人银行还是一个政府机构的问题上，公众存在巨大的分歧。

1913年，美国出台了《联邦储备法》。政治家们精心设计了一套制约和平衡的体系，于是创立了拥有12家地区联邦储备银行的联邦储备体系。

《联邦储备法》的拟定者试图设计出一种正式的结构，使联邦储备体系能够实现权力在地区之间、私人部门和政府之间以及银行家、工商业者和公众之间的分散。但是，联邦储备银行的行长们加入美联储的目的很明确，那就是让美联储为其充当最后贷款人，在发生经济危机、银行挤兑时为其开敞口，提供货币支持。

美联储一成立便效果显著。当时的美联储由本杰明 · 斯特朗领导，他发现了公开市场操作和公开回购两种工具，通过这两种工具，美联储可以控制货币发行以及调节利率。事实上，从美联储成立到1928年斯特朗离开，美国银行恐慌现象确实再未发生过。

还有一项代表性的措施就是大萧条时期的罗斯福新政。

小罗斯福总统是老罗斯福的远房堂弟，这位小堂弟的经济管制态度与措施同样强硬。1933年3月4日，小罗斯福入主白宫的同一天，发布的第一道政令就是关闭所有的银行和交易所，直到搞清楚银行和证券市场在搞什么，才能恢复营业。

6月16日，他又签发了著名的《格拉斯—斯蒂格尔法案》。这部法案规定，银行不能同时从事存贷业务与投行业务；同时，银行和投行董事不能相互兼任。

这部法案强制金融机构分业经营，将投资银行业务和商业银行业务严格地划分开，保证商业银行能避开证券业的风险；禁止银行包销和经营公司证券，只能购买由美联储批准的债券，降低金融资本对产业资本的控制。这无疑沉重地打击了摩根财团等托拉斯组织，大通银行和花旗银行也被迫拆分。

此后，小罗斯福采用了凯恩斯的主张，实施强有力的新政改革，成功地带领美国从大萧条中走出来。从此，凯恩斯主义替代了新古典主义，开始长时间统治主流经济学界。美国政府也在“二战”后长期执行凯恩斯式的经济政策。

1944年，德国法西斯大势已去，作为同盟国领导者的美国开始试图主导世界。在布雷顿森林会议上，与会国通过了美国的怀特方案，这意味着一个以美元为核心的全球固定汇率体系的形成。布雷顿森林体系避免了战后世界经济陷入汇率波动的混乱之中，也确实维系了将近30年的全球经济稳定。在布雷顿森林体系期间，全球基本没有爆发世界性、持续性的经济危机。

《谢尔曼反托拉斯法》、罗斯福新政、布雷顿森林体系、成立美联储，这些制度建设和新政干预确实很大程度上规避了原本经济制度的风险，同时避免了短时间的经济危机产生。但是，这些措施只能算是对当时经济制度的“小修小补”，抑或是强制干预，都没能从根本上解决经济制度本身的风险基因。

最终，布雷顿森林体系在“特里芬难题”中崩溃；《谢尔曼反托拉斯法》沦为“交通警”；凯恩斯式的经济政策在20世纪70年代的滞胀危机中失灵；承担最后贷款人角色的美联储成了这套风险制度的最后闭环，反而进一步强化了市场风险。

于是，一场更大的危机向我们走来……

05

金融资本主义　完美体系与最后贷款人

20世纪70年代或许是人类近三百年经济史的转折点。这十年发生的一系列事件决定了今天的世界格局，也将长期影响未来。

其时，美国经济增长率下行，之前实施了几十年的风控措施的后遗症开始爆发。

1971年，尼克松总统宣布美元与黄金脱钩，布雷顿森林体系解体。

布雷顿森林体系解体之后，货币体系出现了两大非常本质的变化：

一是世界各国开始进入浮动汇率时代，世界各国的资产价格被重估，并由国际市场来决定，国际汇率及金融市场的波动性大大增加。

二是世界各国的货币体系从原来美元—黄金本位，转向信用本位，各国货币当局依靠国家信用来发行货币。

1973年世界石油危机爆发，美国经济立即陷入滞胀，高通胀、高失业、低增长并存。美国连续两届政府采用凯恩斯式政策都无济于事，最终，凯恩斯主义深陷持续、反复的滞胀泥潭，在新自由主义的大论战中彻底败走白宫。

1979年，保罗 · 沃尔克掌管美联储，强势将联邦利率提高至20%，通货膨胀率大幅度下滑，但是经济也陷入负增长，失业率高达10%。议员、媒体、民众痛骂沃尔克，农场主开拖拉机堵在美联储门口。

1980年，罗纳德·里根持供给学派的减税主张成功入主白宫，一方面力挺沃尔克强硬抗击通货膨胀，另一方面开展以大减税、放松管制为核心的供给侧革命。

20世纪80年代初，里根与沃尔克携手将美国从滞胀泥潭中拉了出来，美国经济进入了“里根大循环”。

但是，里根和沃尔克打造的“里根大循环”实际上是重新构建了一个全球化秩序，即金融资本主义。沃尔克将美元推向了强势时代，向全球市场输出美元；里根将政府赤字推向扩张时代，从全球市场回收美元。二人联手打造了一个强美元、强金融、高贸易赤字、高主权债务的全球化的金融资本主义秩序。

所以，金融资本主义秩序的逻辑是，通过强美元、高汇率发展金融产业，弱化制造业，进口商品，输出资本，经常账户赤字，资本账户盈余；通过发行国债以及发达的金融市场吸收国际资本，促使美元重新回流美国市场，以维持国内资本市场的平衡；资本回流国内后，联邦政府进行高军事投入，金融资本再投资海外市场并攫取高利润，以及在金融资本支持下进行科技创新，维持美元的强势地位。

但是，金融资本主义秩序要运行，除了强势美元之外，还有三个客观条件：

一是布雷顿森林体系解体之后，世界进入了信用货币时代，美联储不再依托黄金，而是基于国家信用发行货币，依照本国市场及国家利益控制美元的紧缩，以极其低廉的成本向全球收取高额的铸币税。这是金融帝国的最高权杖。

二是布雷顿森林体系崩溃之后，世界进入了浮动汇率时代，浮动汇率的套利空间激发了投资银行的兴起。这为建立金融帝国打下根基。

三是20世纪80年代以计算机为代表的信息技术革命兴起，计算机极大地激活了商业银行创造信用货币的能力，并促进投资银行开发各种金融衍生品，做大金融市场以及金融资产。这是美国金融帝国的数字化武器。

事实上，金融资本主义秩序是一套非常完整、严密、复杂的金融套利游戏，最大限度地整合了尼德兰人创立的股份公司制、股票交易制，英格兰人完善的包括银行、股票、证券在内的金融交易制度，以及美国人创新的一整套复杂的金融制度，包括国债信用制度、美联储体制、信用本位货币、金融混业、信托制度、对冲基金、期货期权交易、离岸账户、投资银行、交易清算、跨境支付以及各种金融衍生品。

金融资本主义秩序按照一个严密的、环环相扣的规则来运行：

首先，处于全球化自由市场之下，美联储以国家信用为担保发行信用货币（美元），并为美国联储银行、联邦保险公司、联邦两房公司等金融巨头、大型企业充当“最后贷款人”；联邦政府以国家信用和财政税收为担保发行大规模长期国债；美联储依托国债发行基础货币。其次，商业银行和金融巨头拿着美联储的“免死金牌”，手持大量的国债，以国债为本位，大肆加杠杆，制造大量的信用货币以及信用票据，大量发放贷款，创造各种复杂的金融衍生品。

美联储和联邦政府以当年汉密尔顿建立的国家信用为依托，共同建立了这套完整的金融制度。如此一来，美元、国债、股票、信贷以及各种金融衍生品一环扣一环，形成了一个以国家信用为基底的庞大的金融系统。这套系统利用信息技术、浮动汇率和信用货币，组建了一个闭环，将国家信用、政府财政、宏观经济甚至世界经济捆绑在一起。

当年，《格拉斯—斯蒂格尔法案》一定程度上遏制了金融化膨胀。但是，1982年大陆伊利诺银行的倒闭、投资银行的兴起以及全球化竞争让美国金融界深刻感受到，该法案确保了商业银行不受风险冲击，也将商业银行束缚在日薄西山的存贷款业务之中。1984年，受拉美债务危机影响，美国从事商业贷款的银行大量倒闭，甚至达到了大萧条以来的最高峰。

为了废除这个法案，美国金融界花费了3亿美元，历经12次游说。花旗银行为并购旅行者集团，不遗余力地游说联邦财政部。1999年，美国财政部支持新的《金融服务现代化法案》替代《格拉斯—斯蒂格尔法案》，美国金融业从此走向混业经营，打开了金融衍生品创新的“潘多拉魔盒”。

在华尔街眼中，这些一环扣一环的金融衍生品可以大大地分摊、化解风险。比如期货制度就是一种价格发现和风险转移的制度，将价格波动的风险转移给风险偏好高的人。然而，这个看似固若金汤的完美体系以及各种神奇的金融衍生品，最终还是遭遇了“明斯基时刻”。

2007年，深陷次贷泥潭的雷曼兄弟公司四处寻求买家，美联储、联邦财政部、高盛、花旗银行、房地美、房利美都卷入其中。然而雷曼兄弟最终在权力争斗、利益讹诈、漫天要价以及痛骂声中破产，并引爆继1929年以来规模最大的全球性经济危机。

而在此之前，这些人都曾坐在一张桌子上，以“政治正确”的方式，联手“再造美国梦”。他们的盘算是：先是美联储大幅度下调利率，释放流动性。然后，以雷曼兄弟为代表的华尔街金融机构则大量发放次级贷款，让底层民众买房。当时只要你声称自己的薪水有六位数，就可以从银行开出50万美元的住房抵押证明，一个月后就可以拿到贷款。

同时，联邦政府站出来做隐性担保。联邦政府支持下的房地美、房利美两家全美最大的住房贷款抵押公司负责收购金融机构的贷款合同，然后打包到金融市场上销售。即使发生危机，美联储也可以为这些金融机构充当“最后贷款人”，确保其不破产。

最终，身先士卒的雷曼成了这一“完美制度和运作”的牺牲品。危机爆发后，联邦财长保尔森在众人的责骂声中接管了“两房”；伯南克主席领导美联储实施量化宽松，释放了大量流动性，再次站到了花旗银行及金融巨头身后，充当坚强的“最后贷款人”。

好的剧本和坏的剧本都提前写好了，就看怎么演了。

危机爆发后，英国女王伊丽莎白二世造访伦敦经济学院，向在此的经济学家们提问：“为什么当初就没有一个人注意到它（经济危机）？”

在场者无一能够回答。不久之后，伦敦经济学院教授、英格兰银行货币政策委员会委员蒂姆·贝斯利领衔英国知名学者联合给女王写了一封信：

“抱歉，女王陛下，我们没能预测到国际金融危机的到来。”

“金融家成功说服各国政府并让自己也相信，他们已完全掌握控制风险的有效办法，而现在看来，这已成为人们一厢情愿和傲慢自大的最佳例证。”

“总之，没能预测出这次危机的时间、幅度和严重性是许多智慧人士的集体失误。”

安德鲁·罗斯·索尔金在其著作《大而不倒》中写道：“这是

一个关于冒险家的故事：他们敢冒一切风险，并已承受着巨大的风险，但又固执地认为自己没有冒任何风险。”

实际上，华尔街创造的金融衍生品已经极为复杂，甚至连很多首席执行官和董事自己都搞不明白。但他们采用了一个简单的逻辑：在整个链条中，将自己这块业务的风险打包转移出去。事实上，这种风险转移的方式一直被金融界甚至经济学家认可。

1934年，联邦储蓄保险公司创建后对于金融业产生了巨大的稳定作用，银行倒闭的数量从前一年的4000家急剧减少到只有57家。银行风险被保险公司分摊，而保险资产被又层层打包成各种衍生品，到投资银行市场上去销售。那么，风险真的被分摊了、消化了吗？

金融理论中，有着著名的费雪分离定理、两基金分离定理、莫迪利安尼—莫顿分离定理，证明金融市场确实促进了资金配置和风险转移。但是，谁会为整个资产链中的风险承担最终的责任呢？

国会总审计长查尔斯·鲍舍尔接到针对金融衍生品市场发展的研究任务后，对国会委员会说：“美国这些大交易商的突然破产或退出交易将会引发市场流动性问题，也会对其他机构，包括参加联邦保险系统的银行，甚至整个金融体系都构成威胁。那时就只能通过由纳税人买单或以纳税人的钱做担保的救市方式来干预市场了。”

在整套制度体系中，美联储做了“最后贷款人”，金融家的道德风险则无比巨大。

从美联储主席到基金经理，每个人都是击鼓传花者，谁还会为利益链后果负责呢？

美联储主席和联邦财政拿着纳税人的钱或通过纳税人买单的方式，为金融巨头兜底。金融巨头有靠山支持，加上“有限责任”制度的支持，更加肆无忌惮。而风险却来源于微处——金融产品设计，根源则是这套“完美”但责任约束不够的风险机制。

弗莱堡学派创始人瓦尔特·欧肯严厉批评了“有限责任”，认为“有限责任”激励企业家过度冒险而做出错误的决定。但是，我们还能回到无限责任的年代吗？

古典最后贷款人理论代表人物沃尔特·巴杰特认为，为了避免道德风险，央行不能无偿、随意援助，甚至应采取“惩罚性利率”，这就是著名的“巴杰特规则”[①]。

然而，这套经济制度是以汉密尔顿设计的国债制度为基石的，已经将美联储、联邦政府利益捆绑到一艘船上，严格说美联储与联邦政府都成了这套制度的最高设计者。如此，“巴杰特规则”自然无法适用。

美联储主席伯南克因处理金融危机措施得当，避免了美国经济陷入大萧条，同时也抑制了通货膨胀，获得美国政治界、经济学界广泛赞誉。

弗里德曼在其著作《大衰退》中批评：大萧条时期的美联储主席哈里森采取了紧缩措施，才导致大萧条蔓延和大量银行倒闭（1929年到1933年，9000多家美国银行倒闭）。哈里森的政治智慧和手段确实不如其前任斯特朗，但其实即使哈里森实施扩张性货币政策也难以挽救危局。

---

① 巴杰特规则是指在一个不需完全承担其行为后果的环境里，代理人总会有动机利用环境来改变自身的行为。因此，最后贷款人的救助将鼓励商业银行的急功近利行为。巴杰特认为，如果不采取正确的预防措施，最后贷款人将放大而不是缩小潜在的金融体系崩溃的风险。为了解决源于最后贷款人的道德风险问题，巴杰特提出了惩罚“微弱少数”的“巴杰特规则”。

因为当时美联储执行的是金本位制度，根本没有办法像伯南克一样大规模发行信用货币。哈里森纵然有政治权力斗争的考虑，也必然担心自己的扩张性政策会超过金本位制所设定的界限。

2012年11月8日，在庆祝米尔顿·弗里德曼90岁生日宴会上，美联储主席伯南克诚恳地承诺："就大萧条问题而言，您说的观点完全正确，的确是我们造成了经济大萧条。对此，我们感到非常难过，对不起大家了。但是，托您的福，我们美联储再也不会那样做了。"

美联储真的可以避免危机吗？

参考文献

[1] 安德鲁 · 罗斯 · 索尔金.大而不倒[M].巴曙松，陈剑，译.北京：中国人民大学出版社，2010.

[2] 艾拉 · 卡茨尼尔森.恐惧本身：罗斯福新政与当今世界格局的起源[M].彭海涛，译.太原：书海出版社，2018.

[3] 费希拜克.美国经济史新论：政府与经济[M].张燕，郭晨，等，译.北京：中信出版社，2013.

[4] 杰夫 · 马德里克.政府与市场的博弈[M].李春梅，朱洁，译.北京：机械工业出版社，2013.

[5] 穆雷 · N. 罗斯巴德.美国大萧条[M].谢华育，译.海口：海南出版社，2017.

[6] 威廉 · 西尔伯.关闭华尔街：1914年金融危机和美元霸权的崛起[M].刁琳琳，余江，译.北京：中信出版社，2018.

[7] 约翰 · S. 戈登.伟大的博弈：华尔街金融帝国的崛起（1653—2011）[M].祁斌，译.北京：中信出版社，2011.

[8] 米尔顿 · 弗里德曼.大衰退：1929—1933[M].谢珂，译.北京：中信出版社，2008.

[9] 保罗 · 克鲁格曼.萧条经济学的回归[M].刘波，译.北京：中信出版社，2012.

[10]本 · 伯南克.行动的勇气：金融危机及其余波回忆录[M].蒋宗强，译.北京：中信出版社，2016.

大家治学

治学，“博学之，审问之，慎思之，明辨之，笃行之。”

观大家治学，如闻晨钟暮鼓、拂尘之音，往往雄浑悠远、激荡人心。

相对其他学科的学者，经济学家们往往更有趣、入世。他们关注一个面包、一棵橘树的价格变动，也痴迷于丝丝入扣、一丝不苟的逻辑推演。

走近经济学家，触碰乐观、理性的人生之光。

政治家，凯恩斯

“当事实发生改变，我的观点也会改变。”

这是当年凯恩斯回应论战时的一句无意之言，却可能成为对凯恩斯其人的最佳诠释。

自2008年金融危机以来，世界经济陷入了高泡沫、高债务、低利率、低增长的泥潭。大疫之下，全球结构性通胀正向全面通胀转变，国家主权债务危机一触即发，贫富差距接近大萧条前夕。

这些经济“成果”，其中相当一部分应该归功于凯恩斯的门徒们——麻省理工学派输出的货币当局决策者们。如今，美联储走到了历史的关口，资产负债表扩张到空前的规模，并将充分就业目标置于通胀目标之前。

哈耶克曾说，如果凯恩斯活到20世纪70年代，他会写出供给经济学。

假如凯恩斯“复活”，他会如何看待当今世界的经济问题以及他的门徒们？他还会是一个“凯恩斯主义者”吗？

本节带你重返凯恩斯时代，尝试还原更加真实的凯恩斯及其思想，思考当今经济问题。

01
剑桥

1883年，维多利亚晚期，约翰·梅纳德·凯恩斯出生在英国剑桥的一个精英家庭。

他的父亲是剑桥大学的一名文官，也兼任过经济学教授的职位；母亲则热心公共慈善事业，后来成为了剑桥市的市长。凯恩斯的祖父是一名商人，还为家庭留下了可观的遗产。若追溯源头，凯恩斯先祖曾在1066年与英王威廉一世一起来到英国，祖上亲自参与战争、建功封爵的不在少数。当知晓家族的荣光历史时，小凯恩斯无比兴奋，这或许给凯恩斯注入了些许英格兰贵族精神。

1897年，14岁的凯恩斯通过了伊顿公学奖学金考试，在伊顿公学度过了五年的学生生涯。从17世纪起，伊顿公学就是英国最著名的贵族学校，凯恩斯在这里接受了精英教育。他思维敏捷，天赋超群，善结名流，是校园文化俱乐部的核心人物，擅长辩论与演讲，同时又能保持良好的礼仪风范。凯恩斯的精英家庭、所受的贵族教育、聪慧天资与性格魅力，是他一生能够在政界与学界间顺畅游走的雄厚资本。

1901年，凯恩斯以数学、英语、历史三项第一的成绩从伊顿公学毕业。次年，19岁的凯恩斯获取了剑桥大学国王学院的数学与古典文学的奖学金。在剑桥的三年时间里，凯恩斯继续发挥自己的天赋，博览群书，涉猎甚广，他很快成为了校园俱乐部的组织者、领导者。

当时的剑桥大学基本上完成了维多利亚时代的信仰切换。19世纪下半叶开始，自然科学和工业的发展极大冲击了传统的宗教神学，维多利亚时代的知识分子遭遇信仰危机。知识界快速地转向科学主义与逻辑主义。在经济学方面，瓦尔拉斯将经济学推入物理化、数学化的轨道。折衷主义大师马歇尔创建了剑桥经济系，剑桥大学逐渐成为了世界经济学的学术中心。同时，马歇尔在1890年出版了《经济学原理》。很多人认为，经济学的完美大厦已经建成。

不过，依然有些学者试图拯救被维多利亚经济车轮碾压的信仰。剑桥大学有一位哲学教授叫赛吉维克，他主张直觉主义，强调感性主义与道德情感，与马歇尔的理性主义、逻辑主义与功利主义相对立。

1905年，凯恩斯从剑桥国王学院毕业。同年，在父亲的引导下，凯恩斯开始跟着马歇尔学习经济学原理，这也是他首次正式接受经济学学术教育。不过，凯恩斯此时对经济学仍然没有专攻的心，他主要的注意力仍然集中在道德哲学上。[①]凯恩斯似乎与赛吉维克更为投缘，他们关系不错；或者说，凯恩斯是一位天生的直觉主义者。直觉主义引导他关注现实和公众利益，让他与马歇尔的学说渐行渐远。直觉主义还影响着凯恩斯的门徒们，他们以此建立的学说，受到以直觉判断的广大民众的危险追捧。

1905年12月，凯恩斯放弃了经济学荣誉学位的考试，转而参加了国家公务员的考试。马歇尔在教授的过程中也发觉了凯恩斯的一些天赋，劝他留在剑桥考取荣誉学位。但是，凯恩斯不以为然。至此，凯恩斯对经济学的正式学习时间仅仅六个月。

这一次小小的选择，开启了凯恩斯在政界和学界之间频繁横越

---

① 罗伯特·斯基德尔斯基.凯恩斯传[M].相蓝欣，储英，译.上海：生活·读书·新知三联书店，2015：133.

的人生。

1906年，凯恩斯以第二名的成绩考取了国家文职人员，他被分配到了印度事务部。事实证明，这一职位对于凯恩斯来说更像一个闲职，难以发挥他的才能。他每天仅用一两个小时就能够完成职责工作，其余时间则拿来写研究员论文。没待满两年，凯恩斯便决定回到熟悉的剑桥生活，准备考剑桥国王学院的一个研究员位置。

这份公职的时间虽然不长，但为凯恩斯正式步入英国政府机构积累了一些人脉。同时，凯恩斯在这个过程中对货币处置问题产生了兴趣。罗宾逊这样评价道："凯恩斯在印度事务部学会了从一个行政长官的角度来看经济学上的问题。"[①] "从行政长官的角度来看经济学上的问题"，或许是凯恩斯思想最为准确的描述。

在研究员竞选中，凯恩斯落败了。不过，凯恩斯准备的一篇概率学论文让当时的考官、马歇尔的得意门生庇古颇为惊讶。事后，庇古对马歇尔表示，愿意为凯恩斯提供一个经济学讲师的位置。1908年，25岁的凯恩斯从印度事务部正式辞职，搬到了国王学院，又回到了象牙塔里。

虽然担任经济学讲师，但凯恩斯没有对经济学进行钻研，他的学术兴趣集中在统计学、概率论上。不过随着经济学讲师的任职工作展开，他开始研究经济学，主要教授的课程是货币理论。同时，凯恩斯还创办了政治经济学俱乐部，担任了《经济学杂志》的主编。

此时的凯恩斯在经济学上的研究并不深入，他多数时候依然遵循马歇尔的基本观点：市场主导经济才是安全的，必须保持贸易

---

① 罗伯特·斯基德尔斯基.凯恩斯传[M].相蓝欣，储英，译.上海：生活·读书·新知三联书店，2015：146.

自由。

离开老东家之后，凯恩斯对印度货币、财政、物价仍然保持着高度关注，有时候还会把相关的报告呈送给印度事务部的财政秘书。1913年，凯恩斯将对印度的见解写成了《印度通货与金融》一书，也因为这本书，他接受了老上司的邀请，进入皇家印度通货与财政委员会。于是，凯恩斯再别康桥。

1914年8月2日，剑桥大学三一学院的院子里，罗素碰到了步伐匆匆的凯恩斯。来不及与罗素交谈的凯恩斯直接奔向了自己的妹夫家，让妹夫用摩托车——当时最快的交通方式将自己送至伦敦。

他收到一封来自财政部的紧急咨询函，信中写道："为了国家利益，需要向凯恩斯进行咨询。"

当时，受奥匈帝国斐迪南大公夫妇遇刺事件冲击，外国借贷人难以偿还英国的债务，造成英国国内的挤兑，短时间内大量黄金流出英国。两天后，英国向德国宣战，第一次世界大战全面爆发。

"一战"终结了欧洲知识分子对文明世界的美好理想。列昂尼德 · 沃尔夫在其《一切重新开始：1911—1918年间的自传》中写道："萨拉热窝发出的那一枪，摧毁了我34年生命当中所熟悉的那种文明。"

和平、繁荣与文明之路在哪里？凯恩斯也认为："1914年8月结束的那个时代是人类经济发展史上何等不寻常的一个阶段。""一战"改变了经济学的历史，而改写历史的人正是凯恩斯。当时的凯恩斯"想要干一番与战争有关的事业"①。

① 罗伯特 · 斯基德尔斯基.凯恩斯传[M].相蓝欣，储英，译.上海：生活 · 读书 · 新知三联书店，2015：218.

02
和会

直觉主义者对突发事件似乎更加敏感与兴奋。凯恩斯努力给杂志社写文章评论当时的时局，他自称是“对于这些问题有特殊知识而又没有将来仕途野心的少数人中的一员”①，但这些文章却让他获得直通英国政府白厅的机会。

1915年，凯恩斯获得了一份财政部公职。这项任命根据战争进程的长短而定，可以理解为“战时公职人员”。至此，凯恩斯正式踏入轰轰烈烈的政治时局之中。

在财政部，凯恩斯很快受到重用，他被派到法国参与构建盟国间的战争信贷制度。各国财政官员约定通过控制贷款与信用授权的方式确保国际汇率的稳定，这让凯恩斯第一次感受到政府干预的重要性。

随着战事的深入，身边好友一个个战死让他万分痛苦，财政部与军方的内斗也让他焦躁不安。凯恩斯与财政大臣均坚持紧缩财政，以税收为基础发债，不过度举债，以避免通胀和汇率崩盘。他们认为，英国的财政状况要好于德国，以此可拖垮德国。但是，令他与多数官员没有想到的是，战争陷入了持久僵局。英国军方渴望迅速解决德国，要求财政部大幅度扩张军费。凯恩斯与财政部无奈做出了妥协。就在英镑濒临崩溃时，美国参战了，拯救了英国的财政与金融体系。

---

① 罗伯特·斯基德尔斯基.凯恩斯传[M].相蓝欣，储英，译.上海：生活·读书·新知三联书店，2015：218.

1918年，德军投降，“一战”终于结束。凯恩斯作为英国财政部首席代表参加巴黎和会，他的任务是参与制定德国经济赔款方案。当时，英美政治精英基本上形成共识：不能过度制裁德国。美国总统威尔逊和英国首相乔治在会上反复强调，德国的妇女儿童正在挨饿，如果不立即开放食品救济，德国将倒向布尔什维克主义。

凯恩斯从经济学的角度提出，对德国的赔款不应该大到足以摧垮德国的生产能力。如果德国丧失出口创汇能力，德国的汇率会崩盘，可能引发恶性通胀和经济崩溃。但是，法国代表要求严惩德国。为了绕开法国的阻扰，凯恩斯偷偷地与德国代表梅绍尔进行了私下会面。在谈判期间与敌国代表私下会面是被严格禁止的，凯恩斯相当于冒了巨大的政治风险。所幸的是食品救援协议很快达成，大量食品运向德国。

但是，关于赔款数额，众多协约国始终难以达成一致。其实，最大的阻力来自英国内部。当时英国正值大选，如果谁敢说不让德国全额赔款而增加英国人的税收，这位候选人就会成为众矢之的。谋求连任的乔治为了争取民意及各党派的支持选择了妥协。乔治的妥协导致坚持温和赔偿方案的财政部被排挤在谈判桌外，裁决权落到了战时特别委员会手上。

英国的精英政治第一次在狂热的民粹政治中妥协，这令凯恩斯极为失望。他愤而辞职，回到剑桥，继而病倒了。他将满腔愤怒——对政治斗争以及欧洲赤贫化的无奈与痛恨，写成了一本小册子——《和约的经济后果》。

凯恩斯在书中发出警告：“如果我们的目的是蓄意让中欧（主要指德国）贫困化，我可以大胆地预言，中欧的报复心态是不会弱的。”

不幸的是，凯恩斯的预言成真了。《凡尔赛和约》通过后，德国经济崩溃了，极度恶性通胀催生了极端民族主义，释放出了“纳粹主义”这一魔鬼。

“一战”结束，欧洲大陆重归和平。殊不知，夕阳落下，大英帝国的世界霸主地位已经渐渐远去，而英国人花了很长时间才适应这一变化。

1920年，英国经济复苏缓慢，失业率达到了6%～7%。最初英国人将此认作是战后的阶段性低迷，但两年后，英国经济依然在低迷中挣扎，1923年7月，英国的失业人数仍有130万。这时，凯恩斯敏锐地意识到，经济萧条可能会持续很久。

这让当时的经济学家感到困惑。按照马歇尔学说，自由市场具备调节能力，经济会自然复苏，那么，如何解释当前经济的持续低迷？凯恩斯在《国民周刊》上发表文章，跳出马歇尔学说，判断市场失灵了。与凯恩斯有类似主张的还有一群年轻的剑桥经济学家们，如罗宾逊夫人、卡恩等。他们经常在一起讨论，开始质疑马歇尔老师的观点。与之相对立的是庇古，他发文批评了凯恩斯的观点。在二人的辩论下，自斯密以来的传统经济学信仰开始动摇。

凯恩斯很快将问题的焦点放在英国政府的汇率政策上。就是否恢复金本位制度和是否恢复到战前的汇率水平，在当时国内进行着广泛的讨论。工党内阁与“纸币发行委员会”的专家们都支持恢复金本位。庇古认为，恢复金本位有利于恢复伦敦的国际金融领导地位，让英镑能重新成为主导货币。同样，他们主张将汇率维持在战前水平。

但是，凯恩斯反对恢复金本位，并且提倡降低汇率、降低利率。凯恩斯认为，当时的英国经济不如战前，如果恢复金本位并维持战前的利率水平，那么意味着英镑被高估，不利于出口与就业增加。

1923年，凯恩斯出版了《货币改革论》。他在书中提出了放弃金本位，还表达了干预主义主张——“国家金融机构公开操纵货币系统”具有正当性。

1924年，凯恩斯发表了《自由放任主义的终结》一文。他写道：“我们过去所依据的经济原则建立在自由放任主义和自由竞争的假设基础之上，而现在我们的社会却正在迅速地与这类假设相脱离。如果我们继续把这种经济原则运用到现实社会中，将是一次不理性的冒险。”这篇文章代表凯恩斯与他的老师马歇尔的学说、传统经济学界彻底“决裂”。

凯恩斯的治疗良方是，通过建立一个中央机构来对货币和信用实行审慎的控制。凯恩斯建议中央机构主动使英镑贬值，增加流动性，以刺激经济复苏。他还呼吁政府要有所作为，让无数闲置的工厂机器重新开动起来，让百万失业工人重新就业。

1925年，丘吉尔对金本位制度做出决策的前夜，他特别将凯恩斯邀请到了唐宁街11号参加晚宴，聆听他对金本位的建议。不过，凯恩斯的意见终究没有被采纳，英国恢复了金本位制度。随即，凯恩斯洋洋洒洒写下《丘吉尔先生政策的经济后果》一文。

他预测，恢复金本位会造成英镑虚高，如此下去，企业为了控制成本，会停止生产投资，随之而来的将是英国的失业率高涨。其后两年，凯恩斯的预测成真。

但是，当时的经济学家反对通过货币干预实现任何宏观经济之目的。同时，他们认为，通过货币干预实现就业之目的是无效的。自亚当·斯密以来，经济学家坚持“货币面纱论”，认为货币不过是交易中介物，不会对经济产出与就业产生实质影响，因此把货币排除在经济学之外。

此时，凯恩斯必须为自己的货币干预主张找到理论支撑，推翻货币面纱论。他很快找到了这把“利剑”。瑞典经济学家克努特·魏克塞尔在1898年出版了《利息与价格》一书，打破了“货币面纱论”。魏克塞尔提出累积过程理论，认为货币利率对经济与就业会产生实质性的影响——当货币利率等于自然利率时，经济处于均衡状态；当货币利率低于自然利率时，经济处于膨胀状态；当货币利率高于自然利率时，经济处于紧缩状态。

于是，凯恩斯用魏克塞尔的货币理论来武装自己的货币干预主义。其时，他正在写《论货币》（1930年出版），建议实行货币管理，通过调节利率刺激经济复苏和就业增长。

让凯恩斯万分焦虑的还包括当时美国经济的咆哮式增长和苏俄布尔什维克革命的成功。一些悲观主义者认为资本主义终将走向灭亡，布尔什维克或许是一条新出路。在大英帝国衰落、经济权杖转移和社会新思潮涌动等历史环境下，凯恩斯比当时多数精英都更加敏锐——或许这就是英格兰贵族传统与直觉主义赋予他的精英政治家的责任感与远见卓识。

03
通论

1928年，正是凯恩斯最百感交集的时候，哈耶克来了。当时的凯恩斯已名满天下，但哈耶克还是奥地利籍籍无名的后生。从情感上，哈耶克视凯恩斯为“我们中欧人的英雄”，因为凯恩斯在巴黎和会上为德国和奥地利发声。但是，在学术上，哈耶克与凯恩斯针锋相对。

伦敦经济学院年轻教授罗宾斯摆下了擂台，安排哈耶克在一次伦敦经济会议上与凯恩斯进行辩论。罗宾斯教授一直反对凯恩斯，碰巧他读过哈耶克的《储蓄的悖论》，发觉这篇文章可以在理论上对凯恩斯发起挑战。

这场会议快结束时，这两位看似彬彬有礼的绅士开始了激烈争论。当时，哈耶克不过是无名小卒，而且他的英语说得很差，但是他有备而来。也许在他看来，这只是一场普通的辩论，但在经济学历史上，这是影响最为深远的一场辩论——此后近百年里，自由主义与干预主义的辩论一直没有停歇。

高手过招，把握关键，两人的辩论从魏克塞尔的货币理论开始。哈耶克后来回忆说，他清楚地记得，“我们马上就展开了两人之间的第一次辩论，冲突的主题是利率变化的有效性”。[①]

有意思的是，二人理论同源，都认为货币对经济实际产出有影响，但是结论截然相反。凯恩斯认为可以通过调整利率来创造需求、增加产出。但是，哈耶克反驳，如果增加货币供给来创造需求，那么一部分资源会被错误引导，有可能种下新一场经济危机的种子。凯恩斯以美国经济快速增长为例说明信贷扩张的作用，但是哈耶克正好去美国考察了一年，他反驳，美国信贷扩张带来的增长不可持续。

由于魏克塞尔与奥地利学派有渊源，哈耶克对魏克塞尔的理论

---

① 尼古拉斯 · 韦普肖特.哈耶克大战凯恩斯[M].闾佳，译.北京：机械工业出版社，2013.

更加熟悉。而且，哈耶克借助了奥地利学派庞巴维克的迂回生产理论，以及与米塞斯共同开创的商业周期理论，反驳了凯恩斯的货币干预主义。

凯恩斯意识到他必须寻找更加可靠的理论来支撑其干预主义主张。而且，一些经济学家将凯恩斯视为社会主义的变种——这是凯恩斯不能容忍的。于是，在经过几个回合的较量后，凯恩斯让其追随者斯法拉负责回击哈耶克，自己与首席助手卡恩一起继续研究理论。

1929年10月29日，华尔街股市的暴跌喊停了上半年的虚假繁荣。大危机以摧枯拉朽之势重创全球经济，同时开启了延续多年的大萧条。

20世纪上半叶的经济学，犹如同期的物理学，其“均衡的完美的”大厦上空覆盖了两朵乌云：一朵是“一战”，另一朵是大萧条。“一战”以及“一战”后英国经济持续萧条只是让传统经济学家困惑，而大萧条彻底摧毁了他们的信仰。市场失灵了，社会崩溃了，人类重回万古长夜，斯密所说的和平与繁荣在哪里？

大萧条是干预主义历史性的试验场。但是，全球大破产、大失业、大饥荒与大动乱，让凯恩斯感到痛苦与焦躁。更可怕的是，部分盲目的知识分子与经济学家把法西斯主义和其他激进主义当作医治失业的良方。

凯恩斯迅速投入到了抵抗时代洪流的队伍之中。英国成立了“麦克米兰金融和工业委员会”，让凯恩斯带领一群经济学家对英国经济病因进行诊断。大萧条期间，他奔走于英国与美国高层，劝诫政府扩张财政与货币，投资基建，鼓励消费，缓解失业，恢复经济。

1931年的一天，当英国家庭妇女打开收音机，便可听到一个经济学家在广播里大力号召：请你们明天一早就到街上去，注意那些到处吸引我们的广告，那些价格令人惊叹的甩卖，它们便宜得让你难以想象。你的消费能够提供更多就业，让国家有更多的财富。

这位经济学家便是凯恩斯。

1931年，凯恩斯访问芝加哥大学时，他的干预政策在芝加哥得到了大量的支持。1933年，美国总统罗斯福推行新政，而他所推行的新政似乎就是凯恩斯主张的最佳实践版本。新政的灵感到底是源自苏联计划主义还是凯恩斯主义，不容易考证。但是可以确定的是，凯恩斯曾向罗斯福推销过干预主义。

1936年，当恐慌与绝望情绪弥漫每个国家、政府与家庭时，凯恩斯出版了《就业、利息和货币通论》(以下简称《通论》)。

《通论》最大的特点是，凯恩斯为干预主义找到了理论根基。凯恩斯用三大心理定律（边际消费倾向递减、资本边际效率倾向下降、流动性偏好）论证有效需求不足，进而论证市场失灵，最后推出干预主义。

这部作品给迷茫悲观的经济学界带来了一束阳光，经济学家们为之震惊，纷纷抛弃马歇尔学说，转投凯恩斯的门下。欧美各国政治家如获至宝，似乎找到了干预经济的正当性，手持《通论》竞选上台。

1939年，《和会的经济后果》中的预言实现了，希特勒命德军入侵波兰，“二战”爆发。凯恩斯再次被聘请回英国政府，担任财政部顾问，并以金融财政外交官的身份与美国人周旋、合作，向美国筹借战争款。

1942年6月11日，英国国王生日当天，凯恩斯被封为勋爵。

1944年，法西斯败局已定，美国召集众多国家在布雷顿森林镇召开会议，商讨构建战后国际金融与贸易秩序。此时，凯恩斯作为英国财政部代表参会，并提出了凯恩斯方案。但是，会议接受了美国财政部长助理哈里·怀特的方案。

不过，凯恩斯另外还提出创建世界银行和国际货币基金组织，并参与构建了沿用至今的国际金融秩序。

布雷顿森林协议奠定了美元作为世界货币的统治地位，美国从英国手上接过了世界金融权杖，凯恩斯成为大英帝国走向衰落的亲历者。

1946年4月21日，复活节的清晨，凯恩斯因心脏病离世。英国给予了他国葬般的待遇，追悼会由当时的首相艾德礼主持，在威斯敏斯特大教堂举办，参加追悼会的人包括大部分内阁成员、剑桥的同事们，还有美国大使。

04
门徒

世界刚刚迎来久违的和平，凯恩斯便骤然离世。不过，“凯恩斯革命”才刚刚开始。此后20多年，凯恩斯主义成功统治了主流经济学界和欧美最高经济决策部门。

在英国，在凯恩斯的大本营剑桥大学，他的支持者和同事们，包括罗宾逊夫人、斯拉法、卡恩等人，将凯恩斯学说与李嘉图古典主义相结合形成了新剑桥学派。新剑桥学派一直以凯恩斯正统学说自居，他们反对、蔑视汉森和萨缪尔森领导的美国凯恩斯学派。但是，世界经济中心已转移到美国，美国经济学界也成功地接过了凯恩斯的衣钵。

在美国，阿尔文·汉森是在美国传播凯恩斯思想的第一代经济学家。汉森早年信奉萨伊定理，与当时的众多经济学家类似，他的信仰被大萧条碾碎了。当他接触到《通论》后，则完全倒向了凯恩斯。汉森专门撰写了一本《凯恩斯导读》，逐章详细解释《通论》，在20世纪50年代，学生几乎都是通过这本导读来学习凯恩斯主义的。

作为美国政府经济顾问和联邦储备局特别经济顾问，汉森想办法将凯恩斯主义引入美国最高决策层。1939年5月，汉森被邀请在美国经济临时委员会成立前做证，他利用这个机会阐述凯恩斯对大萧条的分析。1946年，美国政府出台了汉森起草的就业法案。这一法案以法律的形式将美国政府的最高目标与凯恩斯主义的根本宗旨——充分就业高度捆绑。同时，汉森特别敦促通过该法案创立经济顾问团，为职业经济学家入驻白宫开辟了道路。

汉森一生致力于传播与发展凯恩斯主义，被称为“美国凯恩斯”。更重要的是，他还是一位杰出的教师，他教出了一位得意门生——保罗·萨缪尔森。

萨缪尔森与恩师一道将凯恩斯主义与马歇尔新古典主义融合，形成了新古典综合派，也叫麻省理工学派。他担任过美国经济计量学会、经济学学会、国际经济学联合会、肯尼迪总统以及联邦委员会和财政部的经济顾问。在他的带领下，美国涌现了一大批凯恩斯主义者，包括托宾、索洛、阿罗、克莱因、海勒、奥肯等，还有来自英国的希克斯和米德。

这群人按照汉森铺就的道路顺利进入白宫，将凯恩斯主义政治化。民主党人肯尼迪是“当之无愧的第一任凯恩斯主义总统”，他将托宾、海勒等经济学者纳入总统经济顾问委员会。肯尼迪遇刺后，约翰逊总统继承了他的政治遗产，更是不遗余力地实施凯恩斯式经济政策以实现其社会理想。继任者尼克松总统也称：“现在我在经济方面是凯恩斯主义者了。”

新古典综合派的理论大旗——菲利普斯曲线，成为了美国政府实现充分就业的政策工具。据新凯恩斯主义主要代表之一阿克洛夫回忆，1964年，他在麻省理工学院选修了萨缪尔森的货币理论课程。萨缪尔森在课堂上说，艾森豪威尔总统的经济顾问雷蒙德·索尔尼尔曾提出以下建议：在短期，以高通货膨胀率为代价来实现低失业率是可行的。

1965年12月，《时代》杂志将“年度人物”的殊荣颁给了凯恩斯。《时代》盛赞凯恩斯：“华盛顿制定国家经济政策的人们，利用凯恩斯主义的原则，不光避免了战前岁月的暴力循环，还实现了惊人的经济增长和极其稳定的物价。”

萨缪尔森则在20世纪五六十年代的主流经济学界几乎是神一样的存在，在1970年成为了第一个获得了诺贝尔经济学奖的美国人。然而，这是他学术生涯最后的高光时刻，因为这时的美元币值摇摇欲坠，美国通货膨胀风险一触即发。

1973年世界石油危机爆发，美国通胀率和失业率齐飞，菲利普斯曲线失灵。萨缪尔森借用了英国政治家发明的新词“滞胀”来描述当时的经济现象，但无法对其作出解释。美国政府管控物价如抱薪救火，美联储患得患失，萨缪尔森无计可施，凯恩斯主义跌落神坛，犹如斯密学说和萨伊学说一般在大萧条时期崩盘。

这时，长期被凯恩斯主义者压制的自由主义经济学家，如哈耶克、科斯、弗里德曼、斯蒂格勒、小卢卡斯、拉弗等开始纷纷站出来抨击凯恩斯主义。他们以芝加哥大学为大本营，掀起了新自由主义浪潮，经济学进入了百花齐放、百家争鸣的时代。

其中，弗里德曼对凯恩斯主义的打击是釜底抽薪般的。弗里德曼为“新政”工作，是一位“彻底的凯恩斯主义者”。但是，他后来用凯恩斯喜欢的统计学和永久收入假说击溃了凯恩斯有效需求不足理论的三大心理规律。

1976年，弗里德曼也获得了诺贝尔经济学奖。在获奖演讲时，他又用货币中性理论与自然事业理论对菲利普斯曲线进行迎头痛击，打倒了萨缪尔森新古典综合学派的理论大旗。

1980年，美国总统大选，里根打着供给学派减税的旗号上台，宣称抛弃了需求经济学——凯恩斯主义。里根起用了一大批自由主义学者，包括弗里德曼、拉弗、伯恩斯、舒尔茨、斯托克曼、格林斯潘等，终结了凯恩斯主义对白宫经济政策的长期统治。在里根时代，沃尔克控制了美联储，他抛弃了凯恩斯主义的货币操作原则，采纳了弗里德曼的货币主义主张，用减少货币数量来控制通胀。

里根革命与沃尔克改革取得了成功，从1982年冬天开始创造了美国自“二战”以来最长久的经济景气周期。这是新自由主义的胜利。那么，凯恩斯主义彻底被历史遗忘了吗？

2000年，曾有人问经济学家加尔布雷斯：凯恩斯时代是否已经一去不复返了？加尔布雷斯宣称：“只要再来上一场经济衰退——这很有可能发生，我们就会回过头去。”

2008年金融危机爆发，《时代》周刊以“凯恩斯复出”为题，欢迎老男孩的回归。斯蒂格利茨、克鲁格曼、阿克洛夫、席勒等新凯恩斯主义者登上历史舞台，美联储主席伯南克开启了前所未有的量化宽松政策。然而货币海啸席卷全球，覆水难收，高负债与高通胀隐患重重。“凯恩斯”何以复出？

萨缪尔森曾说过一句话：“我不在乎谁为一个国家制定法律，谁为它起草条约——只要由我来写经济学教科书就行。”没错，凯恩斯主义从来都没有退出历史的舞台。萨缪尔森编写的《经济学》教科书几乎渗透到每一个国家的大学课堂。他有资本说：“当你们谈论当代经济学时，你们在谈论我。”某种程度上说，在大学认真学习经济学的人，或多或少都是凯恩斯主义者。

萨缪尔森没有委任世界各国财政与货币当局领导的权力，但是他的教科书以及麻省理工学派，源源不断地向全球各国央行输送行长候选人。如今，全球90%的央行行长均为新凯恩斯主义者。美联储前副主席费希尔被称为“央行之父”。他曾是麻省理工学院经济系主任，后来分别担任了以色列行长、世界银行首席经济学家及美联储副主席。美联储前主席伯南克、欧洲央行前行长和意大利央行前行长马里奥·德拉吉，均出自麻省理工经济系。

如此，只要危机来临，“凯恩斯”就能重现江湖。

05
遗产

如何评价凯恩斯？

凯恩斯所处的时代是近代文明岌岌可危的时代。在短短30年间，世界爆发了两次毁灭性的战争和一次空前的大萧条，法西斯主义与极端运动快速地将世界拽进衰退之路。凯恩斯、哈耶克为阻止世界经济长久陷入衰退提供了有力的理论工具，在这一点上，凯恩斯与哈耶克是一致的。"二战"时期，德军空袭伦敦，二人在剑桥大学也曾"并肩作战"。不同的是，哈耶克始终以一位学者的身份在呐喊，避免人类思想出现大滑坡，而凯恩斯始终以政治家的身份在奔波与筹谋。

回顾凯恩斯一生，从"一战"时处理财政工作，到参加战后的巴黎和会以及撰写《和会的经济后果》，战后为英国经济复苏建言，再到大萧条献计献策以及撰写《通论》，"二战"时再度接手财政工作以及参与重构战后金融秩序，他被深深地卷入到时代洪流之中。在这股波澜壮阔又危机重重的时代洪流中，凯恩斯扮演着一位政治精英的角色，他演讲、写作、辩论、开会、谈判、呼吁，抵御极端思潮，抗击法西斯，捍卫和平，守卫文明。

从政治角度来说，凯恩斯是一位伟大的斗士，一位杰出的政治家。管理学家彼得·德鲁克对他的评价是中肯的："在这个魔力体系中，能够使愿望最大化的领域仍旧是政治领域。在政治领域，凯恩斯的经济政策是最有成效的，也是最杰出的，而且使最不可能的成为可能、最不合理的重新合理。"

更准确地说，凯恩斯是一位保持着英格兰贵族传统的精英政治家。他秉承着直觉主义中的道德感与责任感，痛恨巴黎和会上英格兰精英政治的沦落以及民粹政治的妥协与讨好。这是凯恩斯优秀的政治遗产。

从经济学的角度来说，凯恩斯犹如一只"薛定谔的猫"。他不认同马歇尔的学说，打破了新古典主义的"完美均衡体系"，将货币与制度（政府）纳入经济学范畴，将经济学推入到宏观视角之下。这是历史性的进步。

但是，在经济体系构建方面，凯恩斯打开了潘多拉魔盒，释放了货币与权力两把武器，却没能很好地控制两者。凯恩斯试图让精英政治家来驾驭这两把武器。在这方面，德鲁克洞察到了。他指出，正统经济学中的经济体制像一个没有摩擦的自然运行的机械，而凯恩斯的体制犹如一块优质而又精美的钟表，但它仍旧是由人类的钟表匠制成的。凯恩斯希望由学者型的精英政治家来担任钟表匠，而不是一群野心勃勃的政客与政治投机主义者。他在布雷顿森林会议上主张构建的国际货币与信用机构是一个不受政治控制的机构，一个由经济统计学家组成的国际团体。

但是，不论在学术上，还是政治上，凯恩斯的精英政治理想都破产了。在学术上，弗里德曼的经济逻辑击溃了三大心理定律。汉森、萨缪尔森、希克斯等凯恩斯门徒构建了一座精美绝伦的大厦，但是他们试图为这座大厦填补的微观理论根基以及外表富丽堂皇的装潢，在逻辑面前均不堪一击。

凯恩斯本质上是一位政治家，他始终将学术研究作为实现政治目标的工具——以三大心理定律论证有效需求不足，推导出市场失灵和政府干预的必要性，最终实现政治目标——充分就业，拯救国家与文明。凯恩斯与生俱来的直觉主义使他具有精英政治家的道德感，能够应时而变与高瞻远瞩。但是，直觉主义是经济学家与学术研究的天敌，学术是建立在逻辑主义和理性主义基础之上的。

在政治上，凯恩斯的精英政治也随着时代沉沦了。其实，弗里德曼是最了解凯恩斯的人，也是最大限度地实现了凯恩斯理想的人。弗里德曼和沃尔克共同推动了美联储的独立，将美联储塑造为一个由经济学家决策的精英组织。然而，一场危机来临，凯恩斯的精英政治与弗里德曼的货币主义土崩瓦解。

“控制了国民经济的政府不可避免地控制了国民的灵魂，这是一条古老的公理。”①凯恩斯曾说过，“生活在现实中的人，通常自认为能够完全免除于知识的影响，其实往往都还是某些已故经济学家的奴隶。”凯恩斯自负了，他的追随者们没有成为他的奴隶，抛弃了他优秀的政治遗产，利用了他糟糕的学术遗产，以使自己达到成为“庸俗经济学家”之政治目的。

如今的凯恩斯主义者——那群野心勃勃的、讨好民粹政治的投机主义者——美国货币及财政当局官员，是凯恩斯一生中最为痛恨的那群政客。

凯恩斯，一位误入经济学之门的伟大正直的精英政治家。

致敬约翰·梅纳德·凯恩斯!

参考文献

[1] 罗伯特·斯基德尔斯基.凯恩斯传[M].相蓝欣，储英，译.上海：生活·读书·新知三联书店，2015.

[2] 约翰·梅纳德·凯恩斯.和约的经济后果[M].张军，贾晓屹，译.北京：华夏出版社，2008.

[3] 约翰·梅纳德·凯恩斯.货币改革论[M].方福前，译.北京：商务印书馆，2020.

[4] 约翰·梅纳德·凯恩斯.凯恩斯文集[M].王雅悦，译.南京：江苏人民出版社，1998.

[5] R.F.哈罗德.凯恩斯传[M].北京：商务印书馆，1993.

[6] 魏克塞尔.利息与价格[M].蔡受百，译.北京：商务印书馆，1997.

[7] 尼古拉斯·韦普肖特.哈耶克大战凯恩斯[M].闾佳，译.北京：机械工业出版社，2013.

[8] 约翰·梅纳德·凯恩斯.就业、利息和货币通论[M].高鸿业，译.北京：商务印书馆，1999.

[9] 清和.我们搞砸了经济学[M].北京：电子工业出版社，2021.

[10]彼得·F.德鲁克.管理的新角色：社会生态学视野下的美国[M].王灏，译.北京：华夏出版社，2011.

---

① 彼得·F.德鲁克.管理的新角色：社会生态学视野下的美国[M].王灏，译.北京：华夏出版社，2011.